Bernd Degen · Der Diskus im Gesellschaftsaquarium

Bernd Degen

DER DISKUS
IM GESELLSCHAFTSAQUARIUM

Titelfoto:	Blaue Diskusfische (Foto: A. v. d. Nieuwenhuizen)
Rücktitel:	Grüne von Putumajo (Foto: H. Linke)

© Tetra-Verlag GmbH
An der Kleimannbrücke 39, 48157 Münster

Das Werk einschließlich aller seiner Teile ist urheberrechtlich geschützt. Jede Verwertung außerhalb der engen Grenzen des Urheberrechtsgesetzes ist ohne Zustimmung des Verlags unzulässig und strafbar. Das gilt insbesondere für Vervielfältigungen, Übersetzungen, Mikroverfilmungen und die Einspeicherung und Verarbeitung in elektronischen Systemen.

Die in diesem Buch enthaltenen Angaben, Ergebnisse, Dosierungsanleitungen etc. wurden vom Autor nach bestem Wissen erstellt und sorgfältig überprüft. Da inhaltliche Fehler trotzdem nicht völlig auszuschließen sind, erfolgen diese Angaben ohne jegliche Verpflichtung des Verlages oder des Autors. Beide übernehmen daher keine Haftung für etwaige inhaltliche Unrichtigkeiten.

8. Auflage 1998

Layout, Satz:	Ernst Knoth GmbH, Melle
Druck:	Mediaprint, Paderborn
ISBN:	3-89745-105-0

VORWORT

Der Diskus ist der wirkliche König des Süßwasseraquariums, wenngleich seine Verkaufszahlen weit hinter denen des Neonsalmlers zurückbleiben. König kann nur sein, wer etwas Außergewöhnliches bieten kann, der Diskus kann es. Er lernt seinen Besitzer sehr schnell kennen. Neugierig steht er im Aquarium und wartet auf das Futter. Faszinierend ist seine Pflege und aufregend seine Zucht.

Völlig zu Unrecht wird ihm nachgesagt, daß er empfindlich ist. Das Gegenteil ist der Fall. Welcher andere Fisch verzeiht so viele Fehler, wie sie bei der Diskushälterung gemacht werden?

Dieses Buch soll dazu beitragen, den Diskus weiten Kreisen von Aquarianern bekannt zu machen und diese zur Pflege anzuregen. Gerade für diese neuen Diskusliebhaber, die ihren Diskus im Pflanzenaquarium des Wohnzimmers pflegen wollen, wurde dieses Buch geschrieben. Für Spezialisten, die sich noch intensiver mit Zucht und Aufzucht beschäftigen wollen, gibt es entsprechende Fachliteratur. Mit diesem Buch wird es gelingen, viele Aquarianer neugierig zu machen und ihnen diesen herrlichen Fisch ans Aquarianerherz zu legen.

Bernd Degen

INHALT

Vorwort	5
Lebensraum Amazonien	9
Herkunft des Diskus – Bedeutung für ein Aquarienleben	17
Historische Daten	21
Diskusarten in der Natur	23
Diskusarten in der Nachzucht	27
Türkisdiskus	33
Brillanttürkisdiskus	34
Rottürkisdiskus	35
Flächentürkisdiskus	36
Wildfang oder Nachzucht?	39
Einrichtung eines Diskusaquariums	45
Das Aquarium	46
Aufstellen des Aquariums	46
Einrichtung	48
Beleuchtung	49
Heizung	52
Filterung	53
Die richtigen Wasserpflanzen	57
Zum Diskus passende Fischarten	77
Richtige Pflege von Diskusfischen	99
Die richtige Fütterung	103
Spezialfutter für Diskusfische	103
Einrichtung eines Zuchtaquariums	107

Gekonnte Diskuszucht 109
Die richtigen Zuchtfische 109
Vorbereitung des Zuchtaquariums 111
Wasseraufbereitung 113
Keimzahl verringern 115
Vorbereiten des Ablaichens 118
Das Eierfressen 124
Füttern der Jungfische 126

Krankheitsverhütung 131
Hilfe bei Krankheiten 135

Zehn Goldene Regeln 138

Stichwortregister 140

Fotonachweis 143

Literaturnachweis 143

Lebensraum Amazonien

Betrachten wir auf der Landkarte Südamerikas das Stromsystem des Amazonas, werden wir schnell erkennen, warum es als längstes und größtes Stromsystem der Erde bezeichnet wird. Sieben Millionen Quadratkilometer Land werden durch dieses Stromsystem, das aus über tausend Flüssen besteht, entwässert.

Mit 6516 km ist der Amazonas der beherrschende Mittelpunkt. Dieser Wasserriese ist mit Abstand auch der wasserreichste Strom der Erde. Jede Sekunde ergießen sich knapp 200000 Kubikmeter Wasser aus seinem Mündungsgebiet zwischen Belém und Macapá ins Meer.

In diesem Flußgebiet, das sich, mit Europa verglichen, von der Westspitze Portugals bis Moskau erstrecken würde, gibt es drei verschiedene Wassertypen. Die Flüsse werden nach ihrer Wasserfarbe in Weißwasser-, Schwarzwasser- und Klarwasserflüsse eingeteilt. Typisch ist die Herkunft der verschiedenen Wasserarten. Die das lehmgelbe, trübe Weißwasser führenden Flüsse, – wie der Rio Amazonas, Rio Solimoes, Rio Madeira, Rio Purus,

In versteckten Lagos ist es für die Zierfischfänger einfacher, rasche Beute zu machen.

Lebensraum Amazonien

Rio Jurua oder Rio Ucayali – kommen aus dem Westen Südamerikas, aus den Anden. Die größeren Klarwasserflüsse mit ihrem gelb-grünen, transparenten Wasser, – wie der Rio Araguaia, Rio Xingu oder Rio Tapajos – fließen von Süden in den Amazonas. Nur der Rio Branco, ebenfalls ein Klarwasser führender Fluß, ergießt sich aus dem Norden des Kontinents in die schwarzbraunen Fluten des Rio Negro.

Der Rio Negro, einer der bedeutendsten Flüsse Brasiliens, gehört zu den Schwarzwasserflüssen, die transparent kaffeebraun gefärbt sind. Sie fließen alle von Norden in die Weißwasserflüsse. Durch diese Wasservermischung erhalten die Fische ideale Lebensbedingungen.

Piranhas sind vorzügliche Speisefische. Weltweit sind sie jedoch wegen ihrer gefährlichen Zähne bekannt geworden.

Die Weißwasserflüsse führen aus dem Hochgebirge unzählige Tonnen von Sedimenten und Schwebstoffen mit sich. Diese werden durch die Flußsysteme von den Hochanden bis zur Atlantikküste transportiert. Der hohe Gehalt an allerlei Mineralstoffen macht sich auch in dem relativ hohen pH-Wert des Weißwassers bemerkbar. Haben die Schwarzwasserflüsse, wie der Rio Negro, einen pH-Wert von durchschnittlich 4,5, so kommen die Weißwasserflüsse meist auf pH-Werte über 6,5.

Die riesigen Sedimentmengen lagern sich während der Hochwasserzeit im überschwemmten Waldgebiet ab. Etwa zu Jahresbeginn beginnt das Wasser zu steigen. Der Galeriewald entlang der Flußufer wird jetzt überflutet. Es bilden sich seenartige Flächen im Hinterland, die sogenannten Varzea-Seen. In diesen Überschwemmungsgebieten verliert das Wasser rasch seine starke Strömung, kommt zur Ruhe und lagert Schwebstoffe ab. Durch diese riesigen Ablagerungsmengen ist das

Die Klarwasserflüsse Amazoniens überraschen durch ihr schönes, durchsichtiges Wasser. In diesem Wasser gibt es nur wenige Sedimente.

Lebensraum Amazonien

Das Rio-Negro-Wasser sieht teebraun aus. In ein Trinkglas gefüllt, ist von der bräunlichen Farbe nichts mehr zu sehen.

In diesen Stellnetzen werden die gefangenen Zierfische „zwischengelagert". Es kann Wochen dauern, bis der Transport nach Manaus zum Großhändler weitergeht. In Stellnetzen haben die Fische größere Überlebenschancen als in Plastikwannen.

Flußufer auch einer ständigen Veränderung unterworfen. Sandbänke in den Flüssen verändern sich ebenfalls stark und erfordern von Schiffsführern immer wieder ihren Tribut. So wird das Aussteigen und Anschieben eines aufgelaufenen Bootes zur Regel.

Durch das schnelle Absinken des Wasserstandes während der Trockenzeit kann es auch vorkommen, daß Boote mit größerem Tiefgang regelrecht gefangen liegenbleiben und erst wieder bei Wasseranstieg frei kommen.

Gerne bezeichnen Besucher Amazoniens den tropischen Regenwald als „Grüne Hölle". Sicher ist es für einen Fremden nicht ungefährlich, in diesem

Lebensraum Amazonien

Dschungel alleine sein Glück zu versuchen. Aber die unendliche Weite der Flüsse und Wälder üben einen unvergleichlichen Reiz aus, so daß ein Aufenthalt in Amazonien auch ein Urlaub werden kann.

Nicht überall lauern Piranhas, giftige Schlangen oder blutrünstige Krokodile. Die Einheimischen baden mit einer natürlichen Selbstverständlichkeit in ihren Flüssen. Tagsüber ist dies bei entsprechender Vorsicht, was die Wasserströmung anbelangt, auch ungefährlich. Unfälle mit Piranhas, den Raubfischen mit den messerscharfen Zähnen, passieren eigentlich nur beim Fischen, denn die gefangenen Piranhas beißen wild um sich. Die Krokodile, Jacarés genannt, sind lange nicht so groß wie in Abenteuerfilmen, zumal die großen Arten stark bejagt und beinahe ausgerottet wurden. Nachts liegen die Krokodile an den Ufern. Mit einer starken Taschenlampe geblendet, leuchten ihre Augen wie Glühkohlen auf.

Der Regenwald birgt eine Vielzahl von Pflanzen und Tieren. Bei einem Marsch durch diesen Wald ist schnell festzustellen, daß sich auf dem Boden des Waldes nur wenig Interessantes für den Betrachter findet.

Das dichte Gestrüpp ist nicht einfach zu durchdringen, Tiere sind kaum zu sehen und von Orchideen keine Spur. Die Erklärung liegt darin, daß durch das Blattdickicht wenig Licht zum Boden fällt. Somit müssen die Pflanzen nach oben streben. In den Baumwipfeln befinden sich die Orchideen, Bromelien und andere aufsitzende Pflanzen. Auch die bunten Aras fliegen

Typische Zierfischfängerboote in Barcelos, einer kleinen Hüttenstadt nördlich von Manaus am Rio Negro.

nur über die Baumspitzen. Sie sind häufig vom Boot aus zu sehen.

Bei einer Durchquerung des Regenwaldes, die nur mit erfahrenem Begleiter erfolgen sollte, wird man schnell ins Schwitzen kommen, denn die hohe Luftfeuchtigkeit treibt den Schweiß aus allen Poren. So angenehm es auf dem Fluß ist, so unangenehm ist der Wald.

Hinzu kommt die Moskitoplage, die auch in Bezug auf Malaria nicht unterschätzt werden darf. Wer auf Schwarzwasserflüssen wie dem Rio Negro reist, wird von Moskitos weitgehend verschont bleiben. Auf Weißwasserflüssen dagegen wird das Moskitonetz zur Pflicht.

Der Autor begutachtet am Rio Negro gefangene HECKEL-Diskus. Diese Diskusart wird hier in großen Mengen gefangen. Für ein Päckchen Zigaretten ist hier der schönste Diskuswildfang zu haben.

Fängerboot in Amazonien. Hier lebt die ganze Familie auf dem Boot, in Hängematten wird übernachtet.

Zusammenhänge mit dem lebensfeindlich niedrigen pH-Wert der Schwarzwasserflüsse sind hier zu sehen.

Die Wasserbeschaffenheit wirkt sich auch auf die Fischarten aus, die in den jeweiligen Flüssen vorkommen. Bis heute ist es noch nicht gelungen, die Vorkommensgebiete der verschiedenen Diskusfischarten exakt nachzuweisen und aufzulisten. Immer wieder kommen Meldungen über neue Fundorte hinzu. Betrachtet man auf einer Landkarte nochmals diese Weite, dann erscheint es logisch, daß noch nicht jeder Fluß auf seinen Fischbestand untersucht werden konnte.

Diskuswildfänge werden das ganze Jahr über im Handel angeboten. Obwohl die Natur hier klimatische Grenzen setzt, kann der Aquarianer immer Wildfänge kaufen. Im Amazonasgebiet beginnen die schweren Regenfälle im Dezember. Im Januar und Februar steigen die Flüsse rasant an. Dies ist auch der Grund, weshalb die Einheimischen – die caboclos – ihre Hütten etwa 15 Meter über dem tiefsten Wasserstand bauen. Die Überschwemmungen dauern bis etwa in den Juni hinein. Während der Regenzeit werden in den schmäleren Nebenarmen des Amazonas Diskusfische gefangen. Hauptausfuhrmonate sind Oktober bis März. In den Monaten Mai bis August findet kein Export statt.

Erste Anfänge von Umweltschutz sind auch in Brasilien zu beobachten. Deshalb gibt es bereits Fangbestimmungen für Rote Neon. Wenn man bedenkt, daß ein einheimischer Fänger für einen ausge-

Lebensraum Amazonien

Ein typischer Amazonashimmel. Die Wolkenbildung ist einmalig schön. Die endlose Weite dieser Flußlandschaft läßt Urlaubsstimmung aufkommen.

wachsenen Diskus 100 Cruzados bekommt, das sind jetzt etwa 1,50 DM, dann kann man sich vorstellen, welcher Wertschätzung sich ein solch gefangenes Tier erfreut. Sein Überleben spielt im Denken der eingeborenen Fänger nur eine untergeordnete Rolle. Diskusfische werden mit Stellnetzen gefangen. Günstige Fanggebiete werden mit den Netzen eingekreist, das im Wasser schwimmende Holz herausgehauen, und die Netze zugezogen. Mühsam kann der Fang dann eingesammelt werden. Leichter ist es, die Fische nachts einzufangen. Da die meisten Fänger alleine im Urwald unterwegs sind, ist diese Methode auch die gebräuchlichste. Bei Nacht geht es mit einem kleinen Boot in die Seitenarme, in die Seen oder in die ruhigeren Ufergebiete. Dort gleitet das kleine Boot leise am flachen Ufer entlang. Bei einer Wassertiefe bis zu einem Meter sind die schlafenden Fische mit einer Taschenlampe gut zu sehen. Mühelos können sie mit einem Handnetz eingesammelt werden. Nur die nachtaktiven Welse machen es den Fängern schwer, da sie schnell davonschwimmen. Diskusfische, Skalare und Salmler machen kaum Schwierigkeiten bei dieser Fangmethode. Schnell füllen sich die Plastikwannen mit Zierfischen aller Art. Auf dem Hauptboot wird der Fang aussortiert. Jedes größere Fangboot hat Dutzende von weißen Plastikwannen dabei, in welche die Fische einsortiert werden. Wohnt der Fänger außerhalb einer größeren Ansiedlung, hält er seine gefangenen Fische in Stellnetzen vor dem Haus am Flußufer. Ist die Zeit gekommen, bringt er seinen Fang zu Aufkäufern oder Händlern nach Manaus. Dort werden die Fische eine weitere Zeit gehältert und gehen dann auf die große Reise.

So kann es leicht vorkommen, daß ein Diskus mehrere Wochen unterwegs ist, bis er beim Großhändler in Deutschland eintrifft.

HERKUNFT DES DISKUS – BEDEUTUNG FÜR SEIN AQUARIENLEBEN

Diskusfische kommen aus Amazonien, also aus tropischem Gebiet. Dies muß logischerweise Auswirkungen auf ihr Aquarienleben haben.

Wenn wir wissen, daß seine Heimatgewässer im Durchschnitt Tagestemperaturen von 30° C aufweisen, sollte diese Erkenntnis in die Hälterungstemperatur einbezogen werden. Diskusfische lieben und brauchen warmes Wasser. Da der Aquarianer gerne Diskusfische in bepflanzten Aquarien halten möchte, stört dieses Wärmebedürfnis, denn Aquarienpflanzen vertragen selten so hohe Temperaturen. Durchschnittswerte von 25° C wären den meisten Aquarienpflanzen angenehmer. Hier sollte aber das Wohlergehen des Diskusfisches im Vordergrund stehen. Hälterungstemperaturen von 27° C sind als Untergrenze anzusehen. Diskusfische, die zu kalt gehalten werden, zeigen dies rasch an. Wenn es möglich ist, sollte der Liebhaber noch ein oder zwei Grad zulegen. Bei der Zucht und in reinen Zucht- und Aufzuchtaquarien sind 29 bis 30° C als Standardwerte anzusehen. Aber nicht nur die Temperatur ist eine wichtige Voraussetzung für

Einjähriger Rottürkis-Diskus in einem großen Pflanzenaquarium, mit friedlichen Salmlern vergesellschaftet.

ein glückliches Diskusleben in Gefangenschaft, auch die Wasserzusammensetzung ist von großer Bedeutung. Der Salzgehalt der Heimatgewässer unseres Diskusfisches ist sehr gering. Der pH-Wert des Wassers ist deutlich im sauren Bereich. Leitfähigkeitsmessungen ergaben für die Schwarzwasserflüsse Amazoniens Werte um 10 Mikrosiemens (μS), was verschwindend gering ist. Auch in den Weißwasserflüssen werden nicht viel höhere Werte gemessen. Dennoch ist dieses Wasser in seiner Gesamtheit sehr stabil.

Würden wir Leitungswasser derartig stark demineralisieren, daß es fast zu destilliertem Wasser würde, gäbe es größte Schwierigkeiten mit dem pH-Wert. Dieser würde so stark absinken, daß es zu Schädigungen der Fische kommen müßte.

Da wir unseren Diskusfischen aber nicht immer „artgerechtes" Wasser bieten können, müssen wir es behandeln. Unser Wasser kommt mit den unterschiedlichsten Werten aus der Leitung. So kann es in einer Stadt eine Gesamthärte von 30° dH (deutsche Härte) haben, in einer anderen dagegen nur eine solche von 3° dH. Bei der reinen Hälterung von Diskusfischen kann etwas härteres Wasser noch toleriert werden, bei der Zucht jedoch muß der Züchter helfend eingreifen.

Der dritte wichtige Faktor bei der Pflege von Diskusfischen ist die richtige Fütterung. Hier führt der wild lebende Diskus fast ein kärgliches Dasein, denn die Natur verwöhnt ihn nicht, vor allem in Gebieten mit geringer Insektenbelastung, wie in Schwarzwassergebieten. Auch Mückenlarven sind nicht immer greifbar. Eintagsfliegen können in Massen auftreten, ob diese allerdings für den Diskus eine wichtige Nahrung darstellen, ist bis heute noch nicht bewiesen. Kleine Süßwassergarnelen, die in Massen zu finden sind, dienen schon eher der Auffrischung seines Speisezettels. Allerdings kommen hier vom Freßverhalten her nur die kleineren Exemplare in Frage.

In Gefangenschaft ist es deshalb gar nicht so schwierig, dem Diskus mit verschiedenen Futtersorten Appetit zu machen. Gerade die vielen Spezialfutterarten, die von der Industrie angeboten werden, erleichtern hier dem Aquarianer die Futterauswahl. Ein echter Fortschritt ist da die Einführung eines speziellen DiskusFutters als Trockenfutter.

Diskuswildfängen wird immer wieder nachgesagt, daß sie in der Futterannahme sehr wählerisch sind. Aus langer Erfahrung kann gesagt werden, daß auch Diskuswildfänge jedes Ersatzfutter fressen, wenn sich der Pfleger entsprechend bemüht. Dies bedeutet, den Fischen immer wieder neues Futter in kleinen Portionen anzubieten, nicht gefressenes Futter wieder abzusaugen und es dann wieder zu versuchen. Schon nach einigen Tagen stellt sich der Erfolg ein. Frißt erst einmal ein Fisch, werden die anderen Fische aus Futterneid bald nachziehen. Ein gesunder Diskus frißt fast alles, was ihm angeboten wird. Bei besonders heiklen Tieren, wie dem HECKEL-Diskus, hilft es auch, einen eingewöhnten, gut fressenden Diskus in das gleiche Aquarium zu setzen. Schon bald wird es der Neuankömmling dem Alteingesessenen nachmachen und ebenfalls fressen.

HISTORISCHE DATEN

Der wahre König des Süßwasseraquariums müßte eigentlich auch eine königliche Herkunftsgeschichte haben. Mit vielen Geheimnissen um seine Fortpflanzung hat er sich ja umgeben. Es dauerte lange, bis die ersten erfolgreichen Nachzuchten gemeldet werden konnten.

Erwähnt wurden Diskusfische erstmals im Jahre 1840 durch den Wiener Ichthyologen Dr. Johann Jacob HECKEL. Von dieser Beschreibung erhielten die HECKEL-Diskus auch ihren Namen. Dr. HECKEL beschrieb ein Exemplar aus der Sammlung von NATTERER. Hier wurde also die Gattung *Symphysodon discus* erstmals der Aquarienwelt vorgestellt. Bis zu den ersten Nachzuchten vergingen aber noch viele Jahrzehnte.

Gefunden hatten die Ichthyologen damals *Symphysodon discus* im Rio Negro. Diese Art ist weit verbreitet in diesem riesigen Fluß, besonders nachdem der Rio Branco seine Wassermassen in den Rio Negro ergossen hat. Das Mischwasser aus Schwarzwasser und Klarwasser scheint dem „HECKEL" besonders angenehm zu sein.

In den nachfolgenden Jahren befaßten sich Wissenschaftler häufiger mit Diskusfischen, aber in Europa kam es einfach nicht zum Durchbruch. Die Nachzüchtbarkeit wurde zum Problem, da die Versorgung der Larven mit Hautsekret nicht erkannt wurde.

Es dauerte bis in das Jahr 1959. Damals berichtete Harald SCHULZ ausführlich über den Diskusfang. Erst zu diesem Zeitpunkt gelangten auch größere Mengen von Wildfängen nach Deutschland. Erfolge in der Nachzucht gelangen. Damit wurde dieser Fisch endlich Bestandteil unseres Aquarianerlebens. Anfangs erzielten Diskusnachzuchten utopische Preise. Im Laufe der Zeit aber gelang es immer mehr Liebhabern, diese Fische erfolgreich nachzuziehen, was sich bei den Preisen bemerkbar machte. Billig sind Diskusfische aber dennoch nicht geworden, und dies ist auch

Herrlicher Brauner Wildfangdiskus.
Auffallend sind die kräftigen Rotanteile in den Flossenrändern. Der dunkle Flossensaum ist ebenfalls typisch für diese Farbvariante.

Historische Daten

gut so. Wären sie nämlich so einfach nachzuzüchten wie der Skalar, dann würden sie zum Massenfisch und mit der Königswürde ginge es dahin.

So blieb der Diskusfisch auch wegen seines Preises ein interessanter Fisch. Durch diese Tatsache lassen ihm die Aquarianer auch die nötige Sorgfalt und Aufmerksamkeit angedeihen. Seine Zucht ist immer noch schwierig und stellt die Spitze in der perfekten Süßwasseraquaristik dar.

Diskusarten in der Natur

Mit dem Namen „*Symphysodon*" wurde die Gattung der Diskusfische beschrieben. Somit stand der Gattungsname fest. HECKEL beschrieb 1840 die erste Art, *Symphysodon discus*. Zu dieser Artbeschreibung wurde der Name des Erstbeschreibers gestellt. Damit war die Bezeichnung *Symphysodon discus* HECKEL geschaffen worden. Gerne bezeichnet man diesen HECKEL-Diskus auch als echten Diskus, was jedoch nichts über seine Qualität oder Schönheit aussagt.

Wildfänge sind bei allen Fischarten etwas Besonderes. Sie haben eben noch „das Wilde" im Blut. Bei diesen Wildfängen konnte der Mensch noch nicht verändernd eingreifen. Viele Diskusfreunde würden daher gerne wieder einen Wildfangdiskus pflegen. Auch wenn die Farben nicht so brillant sind wie bei vielen Nachzuchttieren, herrliche Farben haben sie dennoch. Wer einmal ausgewachsene, bullige HECKEL-Diskus balzend in einem großen Aquarium beobachten konnte, wird gerne über den eigenwilligen fünften Körperstreifen hinwegsehen.

Empfehlenswert sind sie allemal.

Symphysodon discus HECKEL. Seine Grundfarbe tendiert von violetgrau über gelbbraun bis blaßblau. Über den gesamten Körper verlaufen wellenförmige Längslinien, die einen hellblau-türkisfarbenen Schimmer haben. Im Flossen- und

Kaffeebraun ist der Rio Negro, weißer Sand säumt häufig seine Ufer. Einheimische Zierfischfänger hältern ihre Fische direkt am Flußufer, so ist zumindest eine gute Wasserversorgung gegeben.

Diskusarten in der Natur

Kopfbereich erscheint diese Farbe etwas verstärkt. Typisches Artmerkmal ist die breite schwarze Querbinde in der Körpermitte. An dieser Binde ist ein HECKEL-Diskus immer schnell zu erkennen.

Die Augenfarbe ist meist bernstein oder gelb, das kräftige rote Auge ist bei dieser Diskusart selten vertreten. Hauptvorkommen ist der Rio Negro. Diese Diskusart gilt als die am schwierigsten zu haltende Art. Der HECKEL-Diskus stellt hohe Ansprüche an die Wasserqualität und reagiert sehr schnell auf eine Wasserverschlechterung. Auch in der Futterannahme ist er heikler als seine Artgenossen. Eingewöhnt und in voller Farbenpracht in einem Pflanzenaquarium stehend ist er ein traumhaft schöner Fisch.

Leider führt er wegen seines kräftigen Mittelstreifens ein Schattendasein in der Beliebtheitsskala der Diskusfreunde. Irgendwie stört den Diskusliebhaber dieser starke Streifen so sehr, daß er auf den Kauf von HECKEL-Diskusfischen verzichtet. Ein Grund, weshalb er sich in den Aquarien nicht so recht durchsetzen kann. Er ist ein Fisch für reine Diskusspezialisten.

Im Jahre 1981 beschrieb BURGESS eine Unterart des *Symphysodon discus*. Diese Unterart erhielt zur Erinnerung an Willi SCHWARTZ, den bedeutenden Diskusgroßhändler in Manaus, dessen Namen. So wurde der *Symphysodon discus willischwartzi* beschrieben. Diese Unterart unterscheidet sich durch eine stärkere grünblaue Kopfstreifung. Der kräftige Mittelstreifen ist auch hier erhalten. Im Großhandel werden diese Fische auch als sogenannte Blaukopfheckel bezeichnet. Begründet wurde die Neufestlegung dieser Unterart mit einer höheren Anzahl von Schuppenreihen, nämlich 53 bis 59, gegenüber 45–53 Reihen beim *Symphysodon discus* HECKEL.

Symphysodon aequifasciatus aequifasciatus PELLEGRIN wurde 1903 als Grüner Diskus beschrieben. Der Franzose PELLEGRIN beschrieb hauptsächlich Exemplare, die in Lago Tefé gefangen wurden. So erhielten Grüne Diskus auch oft den populären Beinamen „Tefé". Seine Grundfärbung ist grünlich braun mit neun Querbinden, die alle etwa gleich stark sind. In den Brust- und Bauchflossen sowie im Kopfbereich sind deutlich grünblaue Streifen sichtbar. Der Saum der Bauchflossen ist meist grün gefärbt. Auch eine völlige Längsstreifung des Körpers mit grün-blau irisierenden Streifen ist möglich. Diese Tiere werden als „Royal-Green"-Diskus gehandelt. Allerdings ist diese Bezeichnung nur eine Handelsbezeichnung. Die Augenfarbe ist gelb, bernstein oder rot.

Grüne Wildfangdiskus benötigen sehr lange, bis sie richtig ausfärben. So wer-

ren Flossensäumen sind mehr oder weniger rote Zeichnungen erkennbar. Die Hauptfanggebiete liegen um die Stadt Belem. Die Augenfarbe ist meist rot, jedoch sind auch gelbäugige Tiere im Handel. Diese Diskusart ist am preiswertesten und wird gerne als „Anfängerdiskus" bezeichnet. Wer jedoch einmal ausgewachsene Braune Diskus in einem Pflanzenaquarium gesehen hat, wird zugeben, daß diese ebenso interessant und schön sind wie ihre prächtig türkis-glänzenden Artgenossen. Wegen des günstigeren Preises sind gerade Braune Diskus für erste Erfahrungen besonders zu empfehlen.

den aus den unscheinbaren Jungtieren später herrliche Fische mit schönen Farben.

Immer wieder tauchen Grüne Diskus mit schönen roten Punkten auf der Bauchseite auf. Solche Wildfänge mit möglichst vielen roten Punkten sind sehr gesucht. Im Handel werden sie als Tefé-Diskus bezeichnet, obwohl diese Fische auch aus dem südlichen Kolumbien, und zwar von der Gegend um Letitia stammen können. Allerdings werden nur wenige Diskusfische aus Kolumbien exportiert.

Symphysodon aequifasciatus axelrodi wurde 1960 von SCHULTZ als Brauner Diskus beschrieben. Er ist wohl der bekannteste Wildfangdiskus, da mit ihm die ersten Zuchterfolge gelangen. Seine Grundfarbe ist gelbbraun bis dunkelbraun. Seinen Körper durchlaufen ebenfalls neun dunkle Querbinden, von denen die erste über den Augen besonders ausgeprägt ist. Kopf, Rücken- und Bauchflossen zeigen wenige, aber sehr schöne, blaue Längslinien. In den Brustflossen und den ande-

Unbestritten ist auch, daß Braune Diskus etwas problemloser in der Haltung sind als Hochzuchttiere der Farbschläge Türkis.

Eine weitere Art ist **Symphysodon aequifasciatus haraldi,** der Blaue Diskus, der ebenfalls 1960 von SCHULTZ beschrieben wurde. Der Blaue Diskus wird haupt-

DISKUSARTEN IN DER NATUR

sächlich in der Gegend von Letitia und Benjamin Constant gefunden. Die Grundfärbung dieser Unterart ist ebenfalls bräunlich. Allerdings besitzen diese Tiere eine stärkere blaue Längsstreifung über Rücken, Kopf und Bauchpartie als der Braune Diskus. Blaue Diskus mit völliger blauer Durchstreifung werden als „Royal-Blue"-Diskus bezeichnet und sind die schönste Wildfangart. Leider sind Fische dieser hohen Qualität entsprechend selten. Die Augenfarbe der Blauen Diskus ist von kräftigem Rot.

Diskusarten in der Nachzucht

Die Natur hat uns, wie beschrieben, vier Farbvarianten für Diskusfische angeboten. Es sind dies die Braunen Diskus, die Grünen, Blauen und die HECKEL-Diskus. Jede dieser Farbvarianten hat ihre eigenen Farbmerkmale.

Als es gelang, Diskuswildfänge in immer größeren Mengen nachzuzüchten, regte sich bei den Züchtern der verständliche Wunsch, die schönsten Tiere wieder zur Weiterzucht zu verwenden. Logischerweise kam es bei einer konsequenten Auslese zu einer Farbverbesserung. Gerade die gut gezeichneten Blauen Diskus, die wir als „Royal-Blue" bezeichnen, konnten zur Farbsteigerung der Nachzuchten Verwendung finden. Doch auch grüne Wildfänge mit stärkerer grüner Grundfärbung waren geeignet, um Nachzuchttiere zu bekommen, die nicht mehr die bräunliche Grundfärbung aufwiesen. So gelang es, immer mehr Diskusfische nachzuziehen, die stärker ins Blau und Türkis färbten. Neue Farbschläge waren kreiert. Durch strenge Zuchtauslese erhielten wir somit Diskus, die auch neue Handelsnamen bekamen. Plötzlich gab es Türkisdiskus, Brillanttürkis, Flächentürkis, Kobalttürkis, Rottürkis usw. Fast jeder Züchter entdeckte bei seinen Nach-

Türkisdiskusfische in einem eingerichteten und bepflanzten Aquarium sind die Hohe Schule der Diskuspflege.

Diskusarten in der Nachzucht

zuchten wieder neue Farbvarianten. Leichtfertig wurden immer wieder neue „hausgemachte" Namen gefunden. Somit ist es schwierig geworden, diese Nachzuchttiere farblich richtig einzuordnen, denn es gibt keinerlei wissenschaftliche Systematik.

Letztendlich muß der Käufer eines Diskusfisches selbst entscheiden, ob ihm die

Verschiedene Türkisvarianten zusammen in einem Aquarium gehalten. Diese einjährigen Diskus fressen begierig ein von Tetra speziell entwickeltes DiskusFutter. Im Schwarm ist der Futterneid so groß, daß auch neues Futter schnell akzeptiert wird.

Diskusarten in der Nachzucht

angebotenen Fische zusagen. Bei Jungfischen ist es mit der Farbbezeichnung wesentlich schwieriger, denn nach der Vererbungslehre kann nicht garantiert werden, daß die Jungen eines flächigen Elternpaares auch alle flächig werden. Zum einen ist sicher damit zu rechnen, daß vorherige Generationen farblich durchschlagen, zum anderen kann gesagt werden, daß viele Jungfische bis zum Ende des Wachstums noch braune Streifen zeigen werden, die dann doch noch türkisfarben überdeckt werden können.

Es darf deshalb einem Züchter, der flächige Jungfische abgibt, keine böse Absicht unterstellt werden, wenn nur ein Teil der Jungen sich als flächige Alttiere entwickelt.

Oft erwartet der Käufer eben schon nach wenigen Wochen Farben bei den Jungfischen, wie sie erst zweijährige Diskus zeigen können.

Die Farben, die ein Diskusfisch zeigt, sind auch sehr abhängig von seiner Stimmung. Wir wissen, daß Diskusfische Cichliden, also Barsche sind. Dies bedeutet, daß sie Reviere bilden und Revierkämpfe austragen. Mit diesen „Machtkämpfen" beginnen schon halbwüchsige Tiere. Unterlegene Tiere zeigen dabei immer eine schwächere Farbe und ihre neun Querstreifen, während das überlegene Tier die Querstreifen nicht mehr zeigt und am ganzen Körper in schönsten Farben strahlt. Ebenso zeigt ein balzendes Pärchen sich von seinen besten Farben. Kranke Diskus werden dunkel, zeigen die Querstreifen und reagieren scheu. Logischerweise ist hier von der einstigen Farbenpracht nicht mehr viel zu sehen.

Auch die Tageszeit wirkt sich auf das Erscheinungsbild der Diskusfische aus. Morgens, nach dem Anschalten des Lichtes, sind die Fische blaß, die Farbe der Augen ist schwach. Erst nach einer Stunde sind die Diskus wieder in voller Farbe. Während des Fressens zeigt sich besonders stark das Farbkleid der stärkeren und schwächeren Fische.

Nicht zu vergessen ist die Beleuchtung des Aquariums. Der Röhrentyp verändert stark die Farbe der Diskus. Warmtonlicht ist vorzuziehen. Grolux- oder Fluora-Leuchten beeinflussen das Erscheinungsbild. So betonen Grolux-Röhren die roten Farben eines Diskus sehr. Weiße Röhren lassen die Blautöne stärker hervortreten. Hier kann jeder Aquarianer nach seinem Geschmack beleuchten. Auch verändert sich das Farbkleid des Diskus durch die Röhrenanordnung. So kann das Licht von vorne, von oben oder gar von hinten kommen. Je nach Lichteinfall kann der Fisch dann anders aussehen. Bemerkbar macht sich dies auch bei Blitzlichtaufnahmen. Auf einem Bild ist der Diskus grünlich, auf dem nächsten schon etwas bläulich. Dies kommt durch den Reflexionswinkel des Lichtes. Deshalb empfiehlt es sich auch immer mehrere Fotos seiner Lieblinge zu machen, damit das beste Foto ausgesucht werden kann.

Da es sehr schwierig ist, Nachzuchtdiskus in eine typische Farbvariante einzuordnen, wird in diesem Buch weitgehend der richtige Name der Farbvariante bei den Abbildungen angegeben.

Diskusarten in der Nachzucht

Brillanttürkispaar – das untenstehende Weibchen hat noch eine stärker ausgeprägte braune Grundstreifung. Bei dem Mann ist diese Zeichnung schon rückläufig. Durch Zuchtauslese können die braunen Grundlinien immer stärker zurückgedrängt werden, bis flächige Fische in der Nachzucht auftauchen.

Diskusarten in der Nachzucht

Türkisdiskus

Bei dieser Nachzuchtvariante handelt es sich um einen älteren Oberbegriff für Diskusfische mit türkisfarbigen Längsstreifen auf dem Körper. Hierbei wird Wert darauf gelegt, daß der gesamte Körper mit Türkisstreifen bedeckt ist. Der Körperuntergrund ist immer noch bräunlich, allerdings können die Türkisstreifen schon deutlich über 50% der Körperfärbung ausmachen, so daß man auch von Türkis als Grundfarbe mit bräunlichen Streifen sprechen könnte.

Brillanttürkisdiskus

Bei diesen Diskusfischen ist es den Züchtern gelungen, das Braun der Grundfärbung noch weiter zurückzudrängen und diese braunen Linien feiner zu halten. So erscheint der ganze Diskus mehr türkisfarben. Beim Brillanttürkisdiskus sollte aber die Farbe kräftig sein, so daß eine gewisse Brillanz zu erkennen ist. Etwas übertrieben könnte man sagen, daß der Diskus einen Metallicglanz haben sollte.

Diskusfische, die diesen kräftigen Glanz nicht aufweisen, sollten als Türkisdiskus angeboten werden.

Rottürkisdiskus

Diese Farbvariante ist schwierig zu bestimmen. Leider sehen viele Züchter gerne etwas mehr Rot bei ihren Fischen als der kritische Betrachter. Die Farbe Rot geistert ja als gesuchte Farbe durch die Köpfe vieler Diskuszüchter. Der Wunschtraum wären tomatenrote Diskusfische. Dennoch gibt es sehr viele schöne Rottürkisdiskus, bei denen die sonst bräunliche Linierung als rotbraun einzustufen ist. Der ideale Rottürkisdiskus hat eine kräftige, rotbraune Grundlinierung und ebenfalls kräftig türkisfarbene Streifen. Je nach Zuchtvariante kann die Türkisstreifung breiter oder schmaler sein.

Wichtig ist der kräftige rotbraune Grundton.

Diskusarten in der Nachzucht

Flächentürkisdiskus

Er ist für viele Diskusfreunde der schönste Diskusfisch, aber über Geschmack läßt sich bekanntlich nicht streiten. Kritiker dieser Farbvariante behaupten, der Fisch sei ihnen farblich zu monoton.

Doch urteilen Sie selbst. Flächentürkisdiskus sollten auf dem Körper keine braune Streifung mehr haben. Nur an der Kopfpartie ist eine solche Braunstreifung erlaubt. Seine Türkisfärbung geht durch den gesamten Fischkörper bis zu den Flossen hin. In den Flossensäumen sind dann wieder zarte braune oder rötliche Streifen möglich.

Manche Züchter sehen bei ihren flächigen Diskusfischen eine blaue Grundfarbe und benutzen dann die Bezeichnung „Kobaltflächendiskus". Doch, wie gesagt, in einem anderen Licht kann plötzlich wieder etwas mehr Grünton durchkommen.

Betrachten wir diese vier angesprochenen Farbvarianten als Basis. Andere phantasievolle Namen sollten mit Vorsicht verwendet werden. Bei der Kreuzung eines absolut flächigen Diskusfisches mit einem breit gestreiften Rottürkisdiskus werden sicher etliche Nachkommen eine schöne Türkisfarbe und viele rotbraune Streifchen oder Punkte haben. Jetzt gleich von „Rotpunkttürkis" oder „Perlrottürkis" zu sprechen, wäre doch sicher anmaßend. Viel wichtiger als diese Farbspielereien ist die gesunde Aufzucht der Diskusfische, ist die gute Form der Nachzuchttiere. Formfehler, Streifenfehler und Kiemenfehler sind auszumerzen. Nicht jeder Diskus, der nachziehen kann, sollte dieses auch tun. Hier liegt die Verantwortung beim Halter.

DISKUSARTEN IN DER NACHZUCHT

Durch strenge Auswahl von besonders stark ins rötlich färbenden Braunen Diskusnachzuchten ist es möglich, Fische mit echter Rotfärbung nachzuziehen. Völlig gelungen ist dies aber noch nicht. Gerade die rote Farbe ist sehr schwierig hineinzuzüchten.

DISKUSARTEN IN DER NACHZUCHT

Weißwasserbiotop bei Manaus. Deutlich ist zu erkennen, daß dieses Wasser sehr trüb und undurchsichtig ist. Dies kommt durch starke Sedimentmitführung. Diese Aufnahme entstand während der Überschwemmungszeit.
Jetzt finden die Fische in den Überschwemmungsgebieten reichlich Nahrung.

Wildfang oder Nachzucht?

Diese Frage ist nicht so einfach zu beantworten, denn viel hängt hier vom Käufergeschmack ab. Diskuswildfänge sind farblich nicht so intensiv wie Türkisdiskus. Dennoch hat auch ein Wildfang herrliche Farben, aber, wie gesagt, eben andere. Ein großer, herrlich grüner Wildfangdiskus mit seiner zarten grün-braunen Grundfarbe, mit roten Flecken im Flossensaum oder mit breiten türkisfarbenen Streifen im Kopfbereich ist sicher ein guter Kauf. Auf der anderen Seite steht der total flächige Hochzuchtdiskus mit makelloser Farbe und majestätischen Körpermaßen. Die Entscheidung fällt schwer. Hier kann auch der Preis eine Entscheidungshilfe werden, denn der Flächentürkis kann leicht ein Mehrfaches des Grünen Wildfangdiskus kosten.

Im Fachhandel werden sowohl Nachzuchtdiskus als auch Wildfangdiskus angeboten. Bei kleineren Diskusfischen überwiegen die Nachzuchten deutlich, denn aus Brasilien werden meist halbwüchsige und größere Diskus eingeführt. Wildfangnachzuchten sind ebenfalls im Handel, bilden aber die Ausnahme. Nachzuchtdiskus kommen sowohl aus heimischen Züchteraquarien als auch in großen Mengen aus Asien. Inzwischen gibt es von asiatischen Ländern schon sehr gute Diskusnachzuchten.

Da Diskuswildfänge aus natürlicher Umgebung stammen, stellen sie an ihre neuen Besitzer etwas höhere Ansprüche in Bezug auf Wasserzusammensetzung und Futterauswahl. Der Pfleger muß sich etwas mehr Zeit lassen als bei eingewöhnten Nachzuchtfischen.

Nachzuchttiere fressen bereits viele Arten von Kunstfutter, während Wildfänge anfangs noch etwas schwieriger an dieses Futter zu gewöhnen sind. Wildfänge können durch die lange Transportzeit, die Zwischenstationen beim Fänger und den Händlern schon etwas geschädigt sein. Gelingt es dem Zoofachhändler, die Fische entsprechend einzugewöhnen, hat der Aquarianer sicher auch viel Freude an einem Wildfangdiskus.

Wichtig ist die Gesundheit des Diskus. Hierauf muß der Käufer besonders achten. Woran sind gesunde Diskusfische zu erkennen? Da wäre zum ersten der Gesamteindruck. Bei längerer Beobachtung müssen gesunde Fische eine gewisse Aktivität entwickeln. Natürlich ist der Diskus ein ruhiger Aquarienbewohner, das ist auch zu bedenken.

Der Diskus sollte die typisch runde Diskusform haben, keinesfalls darf seine Körperform länglich sein. Die Kopfpartie muß kräftig ausgebildet sein. Von vorne gesehen darf der Kopf nicht eingefallen wirken. Er soll schon etwas „Speck auf den Rippen" haben. Eingefallene Bäuche sind kein gutes Zeichen. Das Auge muß eine klare, kräftige Farbe besitzen; dabei ist es persönliche Geschmackssache, ob auf ein rotes Auge geachtet wird oder nicht.

Wildfang oder Nachzucht?

Junger, Grüner Wildfangdiskus, der zur Zeit der Aufnahme etwa 12 cm groß war. Deutlich zu erkennen sind schon die roten Punkte auf der Seite und dem unteren Flossensaum.

Das Auge muß auf jeden Fall zur Größe des Körpers passen. Kleine Fische mit großen Augen haben Wachstumsschäden, die nicht mehr zu beheben sind. Die Diskusfische, die erworben werden sollen, dürfen nicht dunkel gefärbt in der Ecke des Aquariums stehen. Schwimmen die Fische munter im Becken umher und zeigen ihre neun Querstreifen, so sind sie in Ordnung. Mit dunkler Farbe ist hier die Grundfärbung gemeint.

Ein weißer, gallertartiger, schleimiger Kot im Aquarium deutet auf Krankheiten hin. Auch wenn die Fische einen weißen Kotfaden am Körper hinterherziehen, sind die Diskus krank und nur schwer gesundzupflegen.

Gesunde Diskusfische haben einen schwarzen oder rotbraunen Kot. Rotbraun dann, wenn sie viel von dem neuen Tetra DiskusFutter fressen. Besteht die Möglichkeit, die Fische gierig fressen zu sehen, so ist dies ein gutes Zeichen für gesunde Diskus. Allerdings sollten frisch gefütterte Diskusfische nicht transportiert werden, da das Transportwasser schnell verdirbt.

Bei längeren Transporten sollten die Diskus mindestens einen, besser zwei Tage vorher nicht mehr gefüttert werden.

Der Käufer erwartet schöne, farbenprächtige Fische. Jungfische können da noch nicht alles zeigen, was später an Farbe kommen kann. Sind kleine Diskusfische bereits so kräftig gefärbt, daß dies fast unwahrscheinlich ist, ist zu bedenken, daß durch Hormonzugaben in Futter oder Wasser die Farbe der Fische manipuliert werden kann. Seriöse Verkäufer machen dies natürlich nicht, denn diese „künstliche" Farbe verliert sich nach einigen Wochen wieder.

Grüner Wildfangnachwuchs im Alter von acht Monaten. Dieser Fisch zeigt ebenfalls gute Farbansätze.

Wildfang oder Nachzucht?

Eine genaue Beobachtung der Kiemendeckel von Diskusfischen ist anzuraten. Diskusfische werden oft von Kiemenparasiten oder sogar von Kiemenwürmern befallen. Dies hat zur Folge, daß die Fische nur einseitig atmen. Ein Kiemendeckel bleibt fest geschlossen, während der zweite sich öffnet und schließt. Gesunde Fische atmen gleichmäßig ruhig auf beiden Kiemen. Auch bakterielle Kiemeninfektionen können den Diskusfischen das Leben schwer machen. Durch Medikamente ist diesen Plagegeistern beizukommen, aber es bedarf schon einer ausdauernden Pflege. Als spezielles Kiemenwurmmittel ist das Medikament Gyrotox® im Zoofachhandel erhältlich. Jedoch darf dieses Medikament nicht in weichem Wasser angewandt werden. Die Gebrauchsinformation sollte, wie bei allen Medikamenten, genau studiert und eingehalten werden.

Äußere Flossenschäden wachsen bei Diskusfischen schnell wieder nach. Bei frisch importierten Wildfängen ist es ganz natürlich, daß sie Flossenschäden aufweisen. Schon nach wenigen Tagen haben sich die Flossen jedoch wieder regeneriert. Also kein Grund, auf einen schönen Wildfang zu verzichten.

Das Thema „Krankheitsverhütung" wird in einem gesonderten Kapitel dieses Buches behandelt. Weiterführende Literatur finden Sie im Literaturverzeichnis.

Beim Transport der Diskusfische sind ebenfalls Grundregeln zu beachten. Diese starken Fische sollten unbedingt in großen Doppelbeuteln transportiert werden. Leicht stechen sie mit den Strahlen der Rückenflosse die Transportbeutel durch. Bei großen Fischen ist sogar noch ein dritter Beutel anzuraten.

Transportzeiten bis zu zwei Stunden können ohne reinen Sauerstoff überwunden werden. Längere Transporte erfordern aber eine Zugabe von reinem Sauerstoff. Sogenannte Sauerstofftabletten auf Peroxidbasis sind abzulehnen, da Peroxid die Schleimhaut angreifen kann.

Durch die Zugabe von reinem Sauerstoff bestehen keine Transportprobleme mehr, denn in Beuteln, die knapp zur Hälfte mit Wasser und dann mit Sauerstoff aufgefüllt sind, können Diskusfische, bei entsprechender Temperatur, 36 Stunden transportiert werden. Bei diesen Transporten kann die Wassertemperatur sogar bis auf 20° C absinken. Beim Einsetzen in das neue Aquarium ist darauf zu achten, daß die Temperatur langsam wieder angeglichen und das Wasser etappenweise ausgetauscht wird.

Bei diesem Wasseraustausch können sich pH-Wert und Temperatur angleichen. Wenn diese Prozedur langsam vonstatten geht (ca. 30 Minuten), ist ein Umsetzungsschock weitgehend ausgeschlossen.

Frisch eingesetzte Diskusfische legen sich oft auf den Boden oder stehen schräg im Aquarium. Dieses Verhalten ändert sich aber sehr schnell wieder. Selbst hoffnungslos aussehende Diskus können nach einer Stunde schon wieder schwimmen, als sei nichts geschehen.

Große Diskusfische sind am Tage des Einsetzens nicht mehr zu füttern, Jungfi-

Wildfang oder Nachzucht?

sche dagegen fressen schon am gleichen Tag gierig weiter.

Besitzen Sie bereits Diskusfische und kaufen neue Fische hinzu, sollten Sie unbedingt eine Quarantäne für die neuerworbenen Diskus einplanen. Während der Quarantänezeit ist schnell feststellbar, ob die Fische gesund sind, gut fressen und auch sonst ein normales Verhalten zeigen. Bei Berücksichtigung der vorgenannten Punkte werden Sie sowohl an Wildfängen als auch an Nachzuchtdiskusfischen Ihre Freude haben.

Einrichtung eines Diskusaquariums

Zunächst ist die Frage zu klären: „Wie sieht ein Diskusaquarium eigentlich aus?" Eine Frage, die nicht leicht zu beantworten ist. Die meisten Diskusaquarien sind Zweckaquarien. Das bedeutet: keine Einrichtung, wie Bodengrund und Pflanzen, keine dekorativen Moorkienwurzeln, nichts von dem, was Aquarianer so lieben. Warum gibt es viele solcher Zweckaquarien? Der Hauptgrund liegt darin, daß sie einfach sauberzuhalten sind. Täglich können Futterreste und Mulm abgesaugt werden. Einfache Wasserwechsel sind möglich und die Diskus sind leichter unter Kontrolle zu halten.

Aquarianer, die diesen Typ von Diskusaquarium bevorzugen, haben sicher die Absicht, Diskusfische auch nachzuziehen. Über diese Art von Diskuszuchtaquarien wird in einem gesonderten Kapitel berichtet.

Die andere und sicher auch die schönere Art von Diskusaquarium steht im Mittelpunkt dieses Buches.

Die Kreuzung zwischen einem Grünen Wildfangdiskus und einem Rottürkis brachte dieses herrlich gezeichnete Weibchen hervor. Lange Brustflossen und bulliger Kopf deuten zwar auf ein Männchen hin, doch die abgerundeten Flossenspitzen lassen das Weibchen erkennen.

Einrichtung eines Diskusaquariums

Das Aquarium

Da Diskusfische große Fische sind, sollte dies auch bei der Auswahl des Aquariums berücksichtigt werden. Die Mindestlänge für ein Diskusaquarium beträgt 100 cm. Tiefe und Höhe von je 50 cm sind auch angebracht. In diesem Aquarium mit 250 Litern Inhalt können bis zu zehn kleinere Diskusfische oder vier halbwüchsige Diskus gepflegt werden. Ein ausgewachsenes Diskuspärchen würde sich in diesem Aquarium ebenfalls wohlfühlen. Bei dieser Besetzung wird davon ausgegangen, daß noch einige Beifische zum Diskus gesellt werden. Auch hier gilt bei der Besetzung des Aquariums die Regel: In der Beschränkung zeigt sich der wahre Meister.

Je größer ein Aquarium ist, desto einfacher ist auch seine Pflege. Große Aquarien mit fünfhundert und mehr Litern Wasserinhalt machen weniger Arbeit als kleine Aquarien, die schnell zur Verschmutzung neigen. In einem großen Aquarium stellt sich schneller ein „Biologisches Gleichgewicht" mit Selbstreinigungskraft ein.

Soll das Diskusaquarium ein Schaustück für die Wohnung sein, muß sich seine Größe nach den gegebenen Möglichkeiten richten. Bei der Wahl des Aquariums können Sie zwischen einem Ganzglasaquarium oder einem Rahmenaquarium wählen. Dies ist nur eine Frage des Geschmacks und vielleicht des Preises. Bei Ganzglasaquarien sollte auf geschliffene Kanten geachtet werden. Die Glasdicke muß den Erfordernissen entsprechen. Der Fachhandel bietet eine große Auswahl Qualitätsaquarien an.

Aufstellen des Aquariums

In jedem Wohnraum gibt es mehr oder weniger gut geeignete Standorte für ein Aquarium. Keinesfalls geeignet ist ein Standort in der Nähe eines Fensters. Bekommt ein Aquarium nämlich zuviel Tageslicht, wird der Besitzer immer von Algenproblemen geplagt werden.

Der Platz gegenüber einer Türe, die ständig geöffnet wird, ist auch nicht zu empfehlen. Die Fische reagieren stark auf Geräusche und Schatten. Unbedingt zu berücksichtigen ist für den neuen Aquarienbesitzer das Gewicht des Aquariums. Ein Aquarium mit einem Meter Länge kann schnell ein Gewicht von sechs Zentnern auf die Waage bringen. Dies ist vor allem in Mietwohnungen zu bedenken.

Da ein solch großes Aquarium nicht mehr auf eine einfache Unterlage gestellt werden kann, ist es ratsam, ein kräftiges

EINRICHTUNG EINES DISKUSAQUARIUMS

Untergestell aus Metall oder starkem Holz zu besorgen. Zwischen Glasboden und Untergestell oder Trageplatte gehört eine ein bis zwei Zentimeter starke Styroporplatte, die ausgleichend wirkt. Diese Styroporplatte gibt leicht nach, so daß das Glas nicht so starken Spannungen unterworfen wird. Ohne eine solche Styroporplatte kommt es gerne zu Rissen in der Bodenplatte.

Zwei achteckige Aquarien, die miteinander verbunden sind, ergeben einen besonderen Anziehungspunkt in einem Wohnraum. Die Pflanzen wachsen aus den oben offenen Aquarien heraus.

Altum-Skalare sehen zwar ebenfalls sehr attraktiv aus, aber für eine Vergesellschaftung mit Diskusfischen sind sie weniger geeignet.

Im Fachhandel werden komplette Aquariensysteme angeboten. Auch komplette Aquarienschränke in verschiedenen, zur Einrichtung passenden Holzarten sind im Angebot. Wichtig ist, daß das Aquarium mindestens siebzig Zentimeter hoch steht. So hat das Aquarium auch die richtige Sichthöhe für seinen Betrachter, der im Sessel daneben sitzt.

Ist das neue Aquarium an seinem Platz aufgestellt worden, muß die Rückwanddekoration angebracht werden, beziehungsweise schon angebracht worden sein. Eine Rückwand ist zur Dekoration unbedingt empfehlenswert. Es gibt im Handel fertig bedruckte Rückwände. Klebefolien eignen sich ebenfalls gut. Hierbei sollten dunkle Farben bevorzugt werden. Dunkelblau, dunkelbraun oder schwarz sind bewährt. Auch Korktapeten, die ebenfalls von außen angeklebt werden, eignen sich. Styroporplatten von mehreren Zentimeter Stärke können mit Rostschutzfarbe bepinselt werden. Die Rostschutzfarbe frißt kraterähnliche Löcher in die Styroporplatten. So entsteht ein interessantes Muster. Ist die Farbe getrocknet, können diese Styroporplatten von hinten außen an die Rück-

Einrichtung eines Diskusaquariums

Ausschnitt eines vorbildlich bepflanzten Diskusaquariums. Im Vordergrund ist genügend Schwimmraum durch die kleinbleibende, rasenbildende Echinodorus tenellus.

und Seitenwände angeklebt werden. Der Fantasie des Aquarianers sind hier bei der Rückwandgestaltung keine Grenzen gesetzt. Auch im Innern des Aquariums können natürliche Rückwände aus Schieferplatten, Wurzelstöcken oder hochwachsenden Pflanzen gestaltet werden. Jedoch muß unbedingt darauf geachtet werden, daß die im Becken verwendeten Dekomaterialien keinerlei Gift- oder Schmutzstoffe abgeben. So mancher Diskusliebhaber rätselte herum, weshalb sich seine Diskusfische unwohl fühlten. Grund dafür war häufig eine faulende Wurzel, die das ganze Aquarienwasser verpestete.

Mit der richtigen Rückwand versehen kann jetzt mit der Einrichtung begonnen werden.

Einrichtung

Jedes Aquarium in Wohnräumen lebt durch seine schöne Bepflanzung. Daher müssen in einem Diskusaquarium auch Wasserpflanzen vorhanden sein. Da Wasserpflanzen Nährstoffe benötigen, ist ein entsprechender Bodengrund einzubringen. Über die Wahl des richtigen Bodengrundes gehen die Meinungen sicher auseinander. Bei einem Aquarium, das später auch gesunde Diskusfische beherbergen soll, müssen hier Kompromisse zwischen Pflanze und Diskus geschlossen werden. Eine Bodenhöhe von 4 bis 6 cm ist völlig ausreichend. Dunkler Kies mit einer Körnung von 4 bis 8 mm, vermischt mit grobem Sand von 1 bis 3 mm, erweist sich als optimal. Kleine Mengen von Pflanzennährböden können untergemischt werden. Keinesfalls darf Gartenerde in das Aquarium eingebracht werden. Daß das Kies-Sandgemisch gut gewaschen wurde, versteht sich von selbst. Mit Hilfe von kalkfreien Steinen, z. B. Schiefer, können kleine terrassenartige Abstufungen eingebaut werden. In den Aquarienbodengrund sind anschließend die geeigneten Wasserpflanzen einzusetzen. Dabei ist zu beachten, daß die Wurzeln nicht abgeknickt werden. Wurzeln vor dem Einpflanzen

Einrichtung eines Diskusaquariums

leicht zuschneiden, Pflanzen gut mit Kies befestigen. An einem freien Platz im Aquarium einen Teller stellen. Auf die Tellermitte wird der Wasserstrahl des Einfüllwassers gerichtet. So wird vermieden, daß der ganze Kies aufgewirbelt wird. Bei entsprechend langsamem Einfüllen bleibt das Wasser einigermaßen klar. Dreiviertel des Aquariums füllen, dann weitere Dekohilfsmittel einsetzen. Geeignet sind schöne Steine, die aber, wie bereits angemerkt, keinen Kalk an das Wasser abgeben sollen. Um die Kalkfreiheit zu testen genügt es, einen Tropfen verdünnte Salzsäure auf den Stein zu tropfen. Schäumt die Salzsäure auf, enthält der Stein Kalk und ist nicht geeignet.

Wurzeln sind ebenfalls schöne Dekomaterialien. Jedoch ist eine gewisse Vorsicht angeraten. Nur solche Wurzeln verwenden, die hart sind und nicht modern. Echte Moorkienwurzeln, argentinische Savannenwurzeln und schottische Mooreichenwurzeln oder Steinholz sind geeignet. Beginnt das Wasser modrig zu riechen, ist die Wurzel zu entfernen. Sie ist, soweit möglich, in heißem Wasser abzubürsten und zu wässern. Einige Wurzelarten schwimmen, andere, wie das Steinholz oder die argentinischen Savannenwurzeln, gehen sofort unter.

Wurzeln mit starkem Auftrieb müssen befestigt werden. Als Befestigung können Gummisauger und Angelschnur verwendet werden. Sind die Dekogegenstände und die Wasserpflanzen richtig plaziert, kann das restliche Wasser aufgefüllt werden.

Beleuchtung

Licht ist für die Photosynthese der Pflanzen von größter Bedeutung. Natürliches Licht zu kopieren, muß immer Stückwerk bleiben. In den Tropen hat der Tag- und Nachtrhythmus einen anderen Ablauf als in Europa. Die Dämmerungsphase ist sehr kurz. Die Nacht beginnt recht plötzlich. Gegen sechs Uhr abends wird es innerhalb von Minuten dunkel. Eben schien noch die Sonne und plötzlich ist es stockdunkle Nacht. Genauso rasch kommt der Morgen und löst die Nacht ab. In einem genauen 12-Stunden-Rhythmus läuft der Tropentag ab. Also stellen sich Pflanzen auf diese Zwölf-Stunden-Beleuchtung am Tage ein.

In der Hauptsache finden Leuchtstoffröhren bei der Beleuchtung Verwendung. Verschiedene Farben können miteinander kombiniert werden.

Diskusfische werden meist in dunkleren Aquarien gehalten, was zum Ausdruck bringen soll, daß Diskusfische lichtscheu sind und in ihrer Heimat in dunklen Gewässern leben. Natürlich ist diese Auffassung falsch. Der Diskus fühlt sich in gut beleuchteten Aquarien ebenso wohl wie andere Fische.

Das schreckhafte Verhalten von Diskusfischen ist oft auf diffuses Licht zurückzuführen. Zur Steigerung der Lichtausbeute sollte über der Lampe ein Reflektor angebracht sein. Zu berücksichtigen ist auch, daß Leuchtstoffröhren schon nach sechs Monaten bis zu 50% ihrer Leuchtkraft verlieren. Also ist ein regelmäßiger Lampenwechsel anzuraten.

EINRICHTUNG EINES DISKUSAQUARIUMS

Eine Aquarien-Abdeckung mit einer Leuchtstoffröhre.

Ab 60 cm Wassertiefe werden Quecksilberdampf-Lampen benötigt. ▼

Zwei oder mehr Leuchtstoffröhren werden für größere Aquarien benötigt.

Eine Alternative zu Leuchtstoffröhren sind HQL- oder HQI-Strahler, die besonders bei oben offenen Aquarien effektvolle Beleuchtungskörper darstellen. Diese starken Lampen garantieren einen guten Pflanzenwuchs.

Heizung

Unser Diskusaquarium muß künstlich geheizt werden. In der Natur leben Diskusfische in Wasser, das durchschnittlich um 30° C warm ist. Diese hohe Temperatur kann mit vielen Wasserpflanzen nicht vereinbart werden. Wie bereits ausgeführt, sind Temperaturen um 27° C als Richtwert anzusehen. Da das Diskusaquarium in einem Wohnraum steht, der im Prinzip sowieso geheizt wird, reicht eine normal dimensionierte Zusatzheizung. Die gängigste Heizungsart stellt der Thermostatheizstab dar. Heizstäbe mit Thermostat können auf die gewünschte Temperatur eingestellt werden und halten diese dann auch konstant ein. Für Aquarien in beheizten Räumen reicht eine Heizkapazität

Der Regelheizer ist die verbreiteste Aquarienheizung.

Einrichtung eines Diskusaquariums

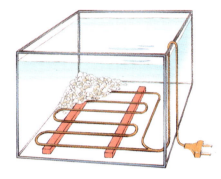

Heizkabel werden schlangenförmig im Bodengrund verlegt.

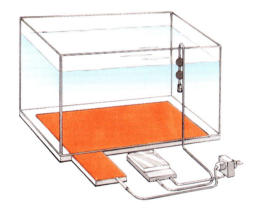

Die Heizmatte wird unter das Aquarium gelegt. Das Wasser wird von unten erwärmt, steigt nach oben und wird dadurch umgewälzt.

von einem Watt Heizleistung für zwei Liter Wasser völlig aus. Eine andere Möglichkeit der Aquarienheizung wäre das Verlegen einer Kabelheizung im Bodengrund oder die Verwendung einer Heizplane. Temperaturfühler mit exakten Thermostaten werden von der Industrie angeboten, um die Temperaturschwankungen so gering als möglich zu halten.

Wird ein Aquarium stark beleuchtet, und befinden sich die Drosseln der Leuchtstoffröhren in dem verschlossenen Aquariumschrank, ist zu berücksichtigen, daß diese ebenfalls viel Hitze abgeben. Somit kann die Aquarienheizung noch schwächer ausgelegt werden.

Filterung

Jedes Aquarium braucht ein Filtersystem. Das weiß sogar der Laie. Doch welche Aufgabe hat ein Aquarienfilter? Er sorgt in erster Linie für sauberes Wasser. Aber ein guter Aquarienfilter hat auch biologische Aufgaben. In einem Filter laufen biologische Prozesse ab. Bakterien siedeln sich auf dem Filtermaterial an und sorgen somit zusätzlich für einen Schadstoffabbau. Durch verschiedene Filtermedien können der pH-Wert und die Wasserzusammensetzung verändert werden. Ein moderner Aquarienfilter kann eben mehr, als nur das Wasser klar aussehen zu lassen.

Im wesentlichen werden drei Filtersysteme unterschieden: die mechanischen, die chemischen und die biologischen Filter.

Bei den mechanisch oder chemisch arbeitenden Filtern wird das Wasser durch mit Filtermaterial gefüllte Kästen gedrückt. Biologisch arbeitende Filter arbeiten mit porösem Filtermaterial, auf welchem sich Bakterien ansiedeln, die den Schadstoffabbau vornehmen.

Außen- oder Innenfilter wird sich der Aquarianer fragen. Bei einem Schrankaquarium ist ein Außenfilter wesentlich sinnvoller. Innenfilter bleiben ja irgendwie sichtbar und stören bei der Betrachtung. Innenfilter sind ideal für Zuchtaquarien oder kleinere Aufzuchtaquarien, deshalb wird später noch über diese Filter berichtet.

Außenfilter müssen in zwei Systeme unterschieden werden. Zum einen gibt es die offenen Außenfilter, die direkt neben dem Aquarium stehen oder hängen. Hier handelt es sich um Glas- oder Plastikkästen, die verschiedene Filterkammern haben. In den einzelnen Filterkammern ist das Filtersubstrat untergebracht. Durch ein Überlaufrohr wird das Aquariumwasser angesaugt, durch den Filter gepreßt und auf der anderen Seite mit Hilfe von Luft oder einer elektrischen Pumpe wieder in das Aquarium zurückgepumpt. Bei der Gestaltung des Aquariums ist der Platz für einen solchen Filter rechtzeitig einzuplanen.

Die zweite Außenfiltergruppe sind die elektrisch betriebenen Topffilter. Diese hervorragenden Filter bestehen aus einem großen Filtertopf mit aufgesetztem Motor. Ein Schlauch saugt Wasser aus dem Aquarium an, dieses wird im Filter gereinigt und über einen zweiten Schlauch zurückgepumpt. Diese Außenfilter haben den Vorteil, daß sie bequem unter ein Aquarium gestellt werden können. So sind sie in einem Aquarienschrank leicht unterzubringen.

Die Filterwirkung beider Außenfiltertypen wird durch den Einsatz der jeweiligen Filtermedien bestimmt. Als Vorfiltermaterial eignet sich Filterwatte sehr gut.

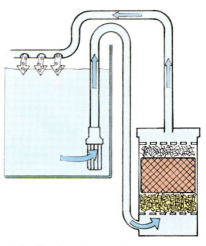

Außenfilter braucht man nicht so häufig zu reinigen, da sie ein großes Filtervolumen besitzen. Daher werden die Fische nicht so oft gestört.

Sie nimmt grobe Schmutzteile schnell auf und kann einfach ausgetauscht werden. Aquarientorf enthärtet das Wasser leicht und säuert es an. In einem Diskusaquarium kann daher Torf als Filtermedium zusätzlich eingesetzt werden. Tonröhrchen oder Kies eignen sich als Grobfilter für Außenfiltersysteme. Wichtig ist, daß dieses Filtermaterial keinen Kalk an das Wasser abgibt.

Der Einsatz von Aktivkohle ist dann anzuraten, wenn das Wasser verändert werden muß. Aktivkohle ist in der Lage, Medikamentenwirkstoffe und andere chemische Verbindungen herauszufiltern und zu entfernen. Sollte das Aquarienwasser zu gelblich erscheinen, kann mit speziellen

Aktivkohlesorten dieser gelbe Farbton herausgefiltert werden.
Der Einsatz von Kunstharzen in der Filterung soll in einem separaten Kapitel abgehandelt werden.

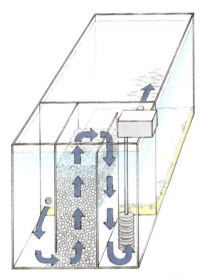

Hervorragend geeignet ist dieser Filter, der in das Aquarium integriert ist.

Wenden wir uns noch der biologisch-bakteriellen Filterungsmethode zu. Die Technik des Rieselfilters ist in den letzten Jahren wiederentdeckt worden. Viele Aquarienanlagen werden wieder mit großen Rieselfiltern betrieben. Häufig werden diese großen Filterkammern im Selbstbau hergestellt. Bei dieser Filterung sollen aerobe, also Sauerstoff benötigende Bakterien Abbauprozesse im Aquarium übernehmen. Filterschwämme, wie die Brillant-Filter sie besitzen, sind bereits die einfachsten und sehr wirkungsvollen Biofilter, denn auf diesen festen Schaumstoffschwämmen können sich viele Bakterien ansiedeln, die Abfallstoffe abbauen. Deshalb sollen Schaumstoffpatronen nie mit zu heißem oder kaltem Wasser gereinigt werden. Die Reinigung erfolgt mit 25° C warmem Wasser, um die Bakterien zu erhalten. Die so gereinigten Schwämme leisten sofort wieder ihre vollen Dienste. Gerade für Diskuszuchtbecken sind diese Schwammfilter von großer Bedeutung.

Die aeroben Bakterien eines Biofilters brauchen immer Sauerstoffzufuhr. Deshalb muß ein sehr poröses Filtermaterial mit großer Oberfläche zum Besiedeln angeboten werden. Das Wasser muß kräftig durch dieses Filtermaterial geleitet werden, damit die Bakterien vom Sauerstoff des vorbeifließenden Wassers aktiviert werden. Unter dem Namen Rieselfilter sind solche biologischen Filter bei der Diskuspflege häufig im Einsatz. Es handelt sich hierbei um Tropffilter, wie sie schon lange in Wasserklärwerken Verwendung finden. Die Bakterien, die sich auf dem porösen Filtermaterial angesiedelt haben, ernähren sich von den Abbauprodukten des Aquariums. Die Bakterien bauen giftige Substanzen, wie Ammoniumverbindungen in einem Drei-Phasen-Vorgang in weniger schädliche Produkte ab. Ammonium entsteht bei der Kiemenatmung der Fische und durch die Bakterienumwandlung des Fischkotes. Nitrosomonas-Bakterien wandeln Ammonium um und produzieren Nitrit. Dieses Nitrit wird durch Nitrifikationsbakterien in Nitrat umgewandelt. Nitrit und Ammonium sind fischgiftige Stoffe, die so in

Einrichtung eines Diskusaquariums

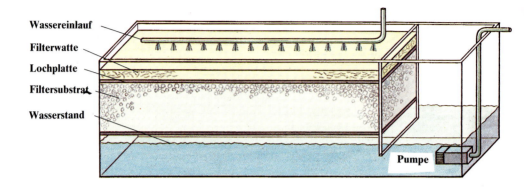

Im Rieselfilter können aerobe Bakterien auf dem Filtersubstrat siedeln und leicht Schadstoffe abbauen.

das ungefährlichere Nitrat umgewandelt worden sind. Nitrat wird wiederum durch Wasserpflanzen aufgenommen. Aber auch durch einfache Teilwasserwechsel kann Nitrat reduziert werden. Zu hohe Nitratkonzentrationen sind für Diskusfische unverträglich, außerdem wachsen die Fische in Wasser mit zu hohem Nitratgehalt schlechter.

Der Nitratgehalt sollte möglichst 50 mg/l nicht übersteigen. Nitratmeßreagenzien sind im Fachhandel erhältlich.

Wenden wir uns wieder unserem Diskusaquarium zu, das im Wohnzimmer steht. Das Aquarium ist mit Bodengrund versehen, schön dekoriert und die Pflanzen sind richtig angeordnet worden. Die Heizung hat das Wasser auf 27° C aufgeheizt, der Filter läuft, also könnten die Fische eingesetzt werden. Doch jetzt ist etwas Geduld angesagt. Die Wasserwerte müssen stimmen. Der pH-Wert sollte sich zwischen 6,0 und 7,0 eingependelt haben. Die Wasserhärte sollte nicht ungewöhn-

lich hoch sein, sonst wäre eine Enthärtung angebracht. Hierzu wird im Kapitel „Gekonnte Diskuszucht" alles Wichtige gesagt.

Ideal wäre es, wenn die Pflanzen etwas Zeit hätten, anzuwachsen. Da gerade am Neubeginn einer Aquarieneinrichtung Algen auftreten können, sollten einige *Ancistrus*-Welse, Platies oder hervorragende Algenfresser, wie die Siamesische Rüsselbarbe *(Crossocheilus siamensis)*, oder die Siamesischen Saugschmerlen *(Gyrinocheilus aymonieri)*, eingesetzt werden. Werden diese guten Algenfresser anfangs gleich eingesetzt und während der ersten beiden Wochen nicht gefüttert, dürfte keine Algenplage aufkommen. Nach etwa zwei Wochen hat sich das Aquarium etwas eingespielt, jetzt kann an das Einsetzen der Diskusfische und der Beifische gedacht werden. Welche Fische sich am besten mit den ruhig schwimmenden Diskusfischen vergesellschaften lassen, soll in einem Kapitel geklärt werden.

Die richtigen Wasserpflanzen

Diskusfische und Wasserpflanzen passen eigentlich nicht zusammen. In einem Diskusbiotop in Amazonien befinden sich nur wenige Wasserpflanzen. Da wir aber auf schöne, kräftig grüne Wasserpflanzen in unserem Diskusaquarium nicht verzichten wollen, müssen wir auf geeignete Pflanzen zurückgreifen. Hohe Wassertemperaturen und weiches, kalkarmes Wasser sind nicht gerade ideale Bedingungen für viele Wasserpflanzen. Auch soll bei diesem Kapitel nicht biotopgerecht empfohlen werden. Dies bedeutet, daß auch Wasserpflanzen aus Asien für ein Diskusbecken zur Verwendung kommen können, da diese sich eben als sehr gut haltbar in einem Diskusaquarium erwiesen haben. Ähnliches gilt auch bei der Fischauswahl. Begründet werden diese Auswahlkriterien damit, daß ein reines Biotopaquarium, bei dem keinerlei Zugeständnisse gemacht werden, nicht gerade menschliches Schönheitsempfinden für ein Aquarium erfüllen könnte. Die Praxis steht in diesem Kapitel also im Vordergrund.

Aquarienpflanzen tragen viel zu einem intakten und gesunden Aquarium bei. In

Ein Schwarm ausgewachsener Grüner Diskuswildfänge, die sich in diesem eingerichteten Aquarium sehr wohl fühlen.

Die richtigen Wasserpflanzen

Aquarien mit vielen, gut wachsenden Pflanzen werden Fische weniger krank. Schließlich ist das gute Pflanzenwachstum ja auch ein Zeichen eines intakten Biorhythmusses. Gut wachsende Pflanzen vertilgen eine Menge von Mineralstoffen, auch das Nitrat, das für Diskusfische schädlich ist. Ein gut funktionierendes Aquarium mit Fischbesatz produziert viele Nährstoffe, die die Pflanzen wiederum benötigen. Sie scheiden Sauerstoff aus und beliefern damit die Fische. Wichtigster Nährstoff für die Pflanzen ist das Kohlendioxid (CO_2). Leisten die Pflanzen einen hohen Stoffwechsel, wird viel CO_2 verbraucht und es kommt zu einem Defizit. Dieses Defizit kann leicht durch den Einsatz der Tetra-CO_2-Versorgung ausgeglichen werden. Durch eine gute CO_2-Düngung werden die Pflanzen zu starkem Wachstum angeregt. Daß neben der CO_2-Düngung die Versorgung mit Eisendünger wichtig ist, sei hier ebenfalls erwähnt. Der Faktor „Licht" wurde bereits angesprochen. Ohne ausreichendes Licht kann eine Pflanze nicht wachsen. Für einen Liter Aquariumwasser sind mindestens ½ Watt an Lichtleistung einzuplanen. Somit müßte ein 200-Liter-Aquarium mindestens mit 3 Leuchtstoffröhren mit je 30 Watt beleuchtet werden.

Zur Gestaltung mit Aquarienpflanzen gehört ein gehöriges Maß an Fingerspitzengefühl. Richtlinien können dies nicht ersetzen. Die hier empfohlenen Wasserpflanzen für ein Diskusaquarium sind so ausgewählt und aufeinander abgestimmt, daß jede Kombination möglich ist.

Schon beim Einpflanzen sind einige Regeln zu beachten:

– Angefaulte Blätter abschneiden.
– Schwarze Wurzeln entfernen.
– Wurzeln etwas zurückschneiden.
– Bei Gruppenpflanzen etwas Abstand zur Nachbarpflanze lassen.
– Wurzeltragende Pflanzen nur bis zum Wurzelhals eingraben.
– Knollenpflanzen seitenrichtig einpflanzen, Knollen nicht ganz mit Kies abdecken.
– Zwiebelpflanzen in etwas dünnen Schaumstoff oder Filterwatte wickeln, dann erst einpflanzen.

Auf keinen Fall sollten Wasserpflanzen aber planlos in das Aquarium gepflanzt werden. Hier kann ein Pflanzplan eine große Hilfe sein. Auf diesem Plan wird die Größe des Aquariums eingezeichnet, vielleicht im Maßstab 1 : 10. Jetzt können die Pflanzen nach ihrer Größe und Wuchsfreudigkeit in diesen Plan eingezeichnet werden. Hochwachsende Hintergrund-Pflanzen verdecken Filterschläuche, Heizung oder Kabel. Mittelhohe Pflanzen werden um eine Wurzel angeordnet und im Vordergrund bilden kleinbleibende Amazonasarten einen schönen Aquarienrasen.

Regelmäßig müssen die gut wachsenden Pflanzen etwas ausgelichtet werden. Diese Arbeit kann mit dem regelmäßigen Wasserwechsel verbunden werden.

Die richtigen Wasserpflanzen

Name	**Riesen-Amazonaspflanze** *Echinodorus amazonicus*
Heimat	Tropisches Südamerika
Größe	bis ca. 60 cm lanzettförmige Blätter
Wasser- beschaffenheit	weich bis mittelhart Temperatur bis 20 bis 30° C
Aquarien- haltung	Typische Solitärpflanze die gut zu halten ist. Bei CO_2-Düngung sehr starke Blattbildung
Wichtig zu wissen	Prächtige Pflanze mit hellgrünen Blättern. Wird sehr hoch, braucht deshalb entsprechende Aquarien. Für Diskusschauaquarien sehr geeignet. Benötigt viel Licht, treibt dann am Blütenstand Adventivpflanzen. Liebt nahrhafte Böden und CO_2-Düngung. Schauexemplare haben Dutzende von Blättern. Sehr ausdauernde Art.

Die richtigen Wasserpflanzen

Name	**Dunkle Amazonaspflanze** *Echinodorus opacus*
Heimat	Südliches Brasilien
Größe	10 bis 20 cm, Blattlänge ca. 10 cm Blattbreite ca. 4–6 cm
Wasser- beschaffenheit	weich bis mittelhart Temperatur 20 bis 28° C
Aquarien- haltung	Einfach zu halten, auch für flachere Aquarien geeignet. CO_2-Düngung wichtig
Wichtig zu wissen	Kleiner bleibende Froschlöffelart. Ideal für Mittelgrundbepflanzung im Diskusaquarium. Wächst nach dem Umpflanzen für längere Zeit nicht weiter. Vermehrung durch Rhizomteilung.

DIE RICHTIGEN WASSERPFLANZEN

Name	**Rotblättrige Amazonaspflanze** *Echinodorus osiris*
Heimat	Brasilien
Größe	bis 60 cm lanzettförmige Blätter mit bis zu 50 cm Länge
Wasser- beschaffenheit	weich bis mittelhart Temperatur 20 bis 28° C
Aquarien- haltung	Benötigt gute Beleuchtung. Solitärpflanze
Wichtig zu wissen	Diese großwüchsige Schwertpflanze ist als Einzelstück der Mittelpunkt eines hohen Aquariums. Junge Blätter haben eine schöne rotbraune Färbung. Vermehrung über Blütenstände mit Adventivpflänzchen möglich. Diese benötigen viel Licht zum guten Gedeihen. Die Pflanze ähnelt der Riesen-Amazonaspflanze, die bei gleicher Größe auch identische Pflegeansprüche aufweist.

Die richtigen Wasserpflanzen

Name	**Schwarze Amazonaspflanze** *Echinodorus parviflorus*
Heimat	Tropisches Südamerika
Größe	bis ca. 25 cm dunkelgrüne, lanzettförmige Blätter
Wasser- beschaffenheit	weich bis mittelhart Temperatur 22 bis 28° C
Aquarien- haltung	Sehr anpassungsfähige Pflanze. Gruppenpflanze für Diskusschauaquarium
Wichtig zu wissen	Mittelgroße Pflanze, die auch noch unter dem Handelsnamen *Echinodorus peruensis* angeboten wird. Schöne Pflanze, die in Gruppen eingepflanzt werden sollte. Bildet dann eine gute Mittelgrundbepflanzung. Kann sich dem eventuell geringeren Lichtangebot in einem Diskusaquarium anpassen. Durch einen großen Temperaturspielraum eine ideale Pflanze.

DIE RICHTIGEN WASSERPFLANZEN

Name	**Schwarze Amazonaspflanze**, Sorte ‚Tropica' *Echinodorus parviflorus* ‚Tropica'
Heimat	unbekannt
Größe	mittelgroß, bis ca. 20 cm Blattspreite verkehrt eirund bis eirund
Wasser- beschaffenheit	weich bis mittelhart Temperatur 22 bis 28° C
Aquarien- haltung	Sehr gut wachsende Art. Schöne Gruppenpflanze für größere Diskusaquarien.
Wichtig zu wissen	Kräftig grün gefärbte Pflanze, die viel Freude macht. Wächst sehr gut. Im Fachgeschäft häufig angeboten. Mehrere Pflanzen in Gruppen setzen. Sie paßt sich dem Lichtangebot des Aquariums an. Leicht gerundete Blattform bei geringerem Lichtangebot. Verträgt auch Temperaturen um 30° C noch gut.

Die richtigen Wasserpflanzen

Name	**Zwergamazonaspflanze** *Echinodorus quadricostatus*
Heimat	Brasilien
Größe	Im Aquarium bis 20 cm lanzettliche Blätter bis 15 cm
Wasser- beschaffenheit	weich bis mittelhart Temperatur 22 bis 28° C
Aquarien- haltung	Einfach zu haltende Art. Braucht Eisendüngung
Wichtig zu wissen	Ideale Dekorationspflanze für Vordergrund. Variable Wuchshöhe von fünf bis zwanzig Zentimetern. Vermehrt sich sehr schnell durch Ablegerpflanzen, deshalb anfangs nicht zu dicht pflanzen. Bestände öfter auslichten und den Bestand verjüngen. Reagiert auf Eisenmangel sehr schnell durch gelb werdende Blätter. Sie paßt sich gut an die herrschenden Lichtverhältnisse an. Empfehlenswerte Pflanze für ein Diskusaquarium.

DIE RICHTIGEN WASSERPFLANZEN

Name	**Grasartige Amazonaspflanze** *Echinodorus tenellus*
Heimat	Süd- und Mittelamerika
Größe	bis ca. 10 cm dünne, grasartige Blätter
Wasser- beschaffenheit	weich bis mittelhart Temperatur 22 bis 28° C
Aquarien- haltung	Bei guter Beleuchtung einfach zu halten. Rasenbildende Vor- dergrundpflanze
Wichtig zu wissen	Erinnert im Aussehen mehr an *Sagittaria* als an *Echinodorus*. Die dünnen Blätter werden meist nur 5 cm lang. Sie neigt zu schneller Vermehrung durch Ausläufer. Rasenbildende Pflanze, die für niedrige Vordergrundbepflanzung sehr dekorativ ist. Bei Lichtmangel leidet der dichte Wuchs.

DIE RICHTIGEN WASSERPFLANZEN

Name	**Bucklige Wasserähre** *Aponogeton boivinianus*
Heimat	Madagaskar
Größe	bis ca. 50 cm schmale, stark genoppte Blätter
Wasser- beschaffenheit	weiches Wasser Temperatur 22 bis 28° C
Aquarien- haltung	Stark wüchsig. Pflanze braucht Ruhepause
Wichtig zu wissen	Sehr schöne *Aponogeton*-Art, die besonders für große Aquarien geeignet ist. Bildet viele genoppte Blätter von kräftiger Farbe. Wird sehr oft im Fachgeschäft angeboten. Nach starkem Blattaustrieb und Blütezeit läßt die Vitalität der Pflanze nach. Die Knolle benötigt eine Ruhezeit außerhalb des Aquariums. In Erde gebettet, leicht feucht gehalten, kann die Knolle nach zwei bis vier Monaten wieder in das Aquarium gepflanzt werden, wo sie sofort neue Blätter austreibt.

Die richtigen Wasserpflanzen

Krause Wasserähre *Aponogeton crispus*. (Syn. *Aponogeton echinatus*).
Diese aus Sri Lanka und Indien stammende Wasserähre ist sehr empfehlenswert und anspruchslos. Ihre etwa 30 cm langen Blätter sind gewellt und hellgrün bis kräftig grün gefärbt. Sehr häufig im Handel anzutreffen. In Gruppen gepflanzt eine ideale Mittelgrundpflanze für das Diskusschauaquarium, da sie die höheren Temperaturen gut verträgt. Nach Möglichkeit Ruhephasen einplanen.

Die richtigen Wasserpflanzen

Name	**Tigerlotus** *Nymphaea lotus* (oben und rechts)
Heimat	Tropisches Afrika
Größe	bis 20 cm treibt auch Schwimmblätter
Wasser- beschaffenheit	weich bis hart Temperatur 22 bis 28° C
Aquarien- haltung	Sehr gut haltbare und dekorative Aquarienpflanze. Hoher Lichtbedarf
Wichtig zu wissen	Eine der schönsten Aquarienpflanzen, die in roter und grüner Form im Handel ist. Typische Solitärpflanze. Ausgewachsene Pflanzen treiben Schwimmblätter. Sind diese unerwünscht, werden sie einfach abgekniffen. Anschließend treibt die Pflanze wieder kurzstielige Blätter. Sie treibt nur in Verbindung mit Schwimmpflanzen Blüten, die nachts aufblühen. Eine Vermehrung über Ableger an Ausläufern ist möglich.

DIE RICHTIGEN WASSERPFLANZEN

DIE RICHTIGEN WASSERPFLANZEN

Name	**Sumpfschraube** *Vallisneria spiralis*
Heimat	Tropische und subtropische Gebiete
Größe	Bis zu 50 cm Gedrehte, schmale Blätter
Wasser- beschaffenheit	weich bis hart Temperatur 20 bis 30° C
Aquarien- haltung	Gut haltbare, dekorative Pflanze, die zwar in weichem Wasser haltbar ist, jedoch in härterem Wasser besser gedeiht.
Wichtig zu wissen	Eine von mehreren Arten der beliebten Vallisnerien. Geeignet für schöne Hintergrundbepflanzung. Bildet durch Ausläufer bald ein dichtes Pflanzengewirr. Bevorzugt gute Beleuchtung, wächst jedoch auch bei schwächerem Licht, dann allerdings langsamer. Die höher werdenden Vallisnerien sind gerade für große und hohe Diskusaquarien schöne Dekopflanzen. In ihrem Dickicht lassen sich Heizer, Kabel und Schläuche gut verbergen.

DIE RICHTIGEN WASSERPFLANZEN

Name	**Javafarn** *Microsorium pteropus*
Heimat	Südostasien
Größe	bis ca. 20 cm lange mittel- bis dunkelgrüne Blätter
Wasser-beschaffenheit	weich bis mittelhart Temperatur 20 bis 30° C
Aquarien-haltung	Typische Aufsitzpflanze für Wurzeln. Gut haltbar, langsam wachsend
Wichtig zu wissen	Dieser Farn sollte nicht eingepflanzt werden. Sehr dekorativ als Aufsitzpflanze an Wurzeln oder Steinen. Paßt sich der Aquarienbeleuchtung an.

Die richtigen Wasserpflanzen

Name	**Riesensumpffreund** *Limnophila aquatica*
Heimat	Sri Lanka
Größe	Im Aquarium bis 50 cm hoch sehr große Blattquirle bis 10 cm Durchmesser
Wasser- beschaffenheit	weich bis mittelhart Temperatur 20 bis 28° C
Aquarien- haltung	Braucht sehr gute Beleuchtung. 28° C sollten die Temperatur- obergrenze sein.
Wichtig zu wissen	Sehr dekorative Pflanze, die gerade bei großen Aquarien in Gruppen gepflanzt wirkt. Bildet Verzweigungen. Kann auch durch Stecklinge, die abgezwickt werden, vermehrt werden. Liebt häufigen Wasserwechsel. Anfangs etwas schwierig einzugewöhnen. Unbedingt gut beleuchteten Platz zum Einpflanzen auswählen.

DIE RICHTIGEN WASSERPFLANZEN

Name	**Genopptblättriger Wasserkelch** *Cryptocoryne crispatula*
Heimat	Thailand, Indochina
Größe	bis zu 50 cm stark gewellte, krause Blätter, die auch 40 bis 50 cm lang werden können
Wasser- beschaffenheit	mittelhart bis hart Temperatur 22 bis 28° C
Aquarien- haltung	Stellt an die Beleuchtung geringe Ansprüche. Teilwasserwechsel wirkt wachstumsfördernd
Wichtig zu wissen	In Gruppenpflanzung sehr dekorativ durch die genoppten Blätter. Die frühere Bezeichnung *Cryptocoryne balansae* ist durchaus noch anzutreffen. Diese Cryptocoryne ist sehr anspruchslos und gedeiht sehr gut.

DIE RICHTIGEN WASSERPFLANZEN

Name	**Wendt's Wasserkelch** *Cryptocoryne wendtii*
Heimat	Sri Lanka
Größe	10 bis 20 cm braune Form
Wasser- beschaffenheit	weich bis mittelhart Temperatur 22 bis 28° C
Aquarien- haltung	Hälterung wie grüne Form (s. S. 67)
Wichtig zu wissen	Diese braune Variante hat die gleichen Pflegeansprüche wie die beschriebene grüne Form. Sehr empfehlenswert für die Vordergrund- und Mittelgrundbepflanzung.

DIE RICHTIGEN WASSERPFLANZEN

Name	**Wendt's Wasserkelch** *Cryptocoryne wendtii*
Heimat	Sri Lanka
Größe	10 bis 20 cm grüne Form
Wasser- beschaffenheit	weich bis mittelhart Temperatur 22 bis 28° C
Aquarien- haltung	Anspruchslose Pflanze, die mit mittlerer Beleuchtung auskommt
Wichtig zu wissen	Auch diese Cryptocoryne ist für ein Diskusaquarium empfehlenswert. Diese nicht zu hoch werdende Art ist für die Vorder- und Mittelgrundbepflanzung. Wendt's Wasserkelch ist in seiner Art sehr formenreich. Verschiedenfarbige Formen sind im Handel. Im Pflegeanspruch sind sie gleich. Die einzelnen Varianten unterscheiden sich optisch wenig und sind schwierig zu bestimmen.

DIE RICHTIGEN WASSERPFLANZEN

Name	**Wasserhyazinthe** *Eichhornia crassipes*
Heimat	Tropisches Amerika, weltweit verschleppt
Größe	Durchmesser ca. 10 bis 15 cm auch größer werdend
Wasser- beschaffenheit	weich bis mittelhart Temperatur 22 bis 30° C
Aquarien- haltung	Schwimmpflanze, die sehr gute Beleuchtung braucht.
Wichtig zu wissen	Zur leichten Abdeckung eines Diskusaquariums. Bis auf die Beleuchtung stellt sie wenig Ansprüche. Vermehrt sich durch Ausläufer.

ZUM DISKUS PASSENDE FISCHARTEN

Nach der Einrichtung eines Diskusaquariums, das ja sicherlich etwas größer in den Dimensionen ausfallen wird, ist schnell festzustellen, daß in diesem Aquarium noch etwas Platz für andere Fische ist. Mit dem Diskus lassen sich natürlich auch andere Fische vergesellschaften, jedoch muß die Auswahl schon etwas abgestimmt werden auf die Lebensgewohnheiten des Diskus, denn er soll sich schließlich wohlfühlen. Immer wieder taucht die Frage nach der Vergesellschaftung mit Skalaren auf. Der Skalar ist leider kein guter Partner für den Diskus. Der Grund ist nicht nur die mögliche Krankheitsübertragungsgefahr sondern mehr das Freßverhalten der Skalare. Sie fressen einfach zu gierig. Der Diskus wird vom Futter verdrängt und kümmert schnell. Der ruhige Diskusfisch muß mit entsprechend friedlichen Fischen vergesellschaftet werden. Algenfresser wurden ja bereits bei der Einrichtung des Dis-

Skalare in einem Pflanzenbecken lassen das Herz jedes Aquarianers höher schlagen. Diskusfreunde sollten aber Skalare nicht mit dem Diskus vergesellschaften, da Skalare die Lochkrankheit übertragen können. Außerdem fressen Skalare sehr gierig und vertreiben die Diskusfische vom Futterplatz.

Zum Diskus passende Fischarten

Prächtiger Türkisdiskus in einem bepflanzten Aquarium. Dieser bullige Diskus zeigt deutlich die Merkmale des Männchens.

kusaquariums empfohlen. Sie können im Aquarium belassen werden. Kleinere Salmler, im Schwarm gehalten, sind eine Bereicherung. Selbstverständlich dürfen nicht alle in diesem Buch empfohlenen Salmler zusammen in ein Aquarium eingesetzt werden, aber zwei oder drei Schwärme für ein großes Schaubecken dürfen es schon sein.

Salmler sollen nie als Einzeltiere gehalten werden. Da sind sie dem Diskus ähnlich. Er mag es auch gesellig. Kleinere Salmlerarten, wie die Neon, sehen erst in einem Schwarm von zwanzig bis dreißig Fischen

ZUM DISKUS PASSENDE FISCHARTEN

gut aus. Im Schwarm liegt ihre besondere Farbwirkung.

Etwas größere Salmler wirken schon in Schwärmen von zehn Stück.

Großcichliden aus Südamerika, die zwar vom Biotop her gesehen dazu passen würden, sind ungeeignet zur Vergesellschaftung mit Diskusfischen. Gerade

Immer wieder trifft man in den Regenwäldern auf kleine Wasserläufe und Restwasserzonen, die Lebensraum verschiedener Buntbarsch- und Welsarten sind.

Zum Diskus passende Fischarten

große Cichliden sind sehr revierbildend. Sie würden die Diskusfische zu sehr verdrängen. Besonders während der Laichphase der Großcichliden wären die Diskusfische kaum noch zu sehen. Verschreckt würden sie im Pflanzenschutz stehen.

Zwergcichliden dagegen sind schon eher Partner für den Diskus. Die kleinbleibenden und friedlichen Zwerge können die großen Diskus kaum in Bedrängnis bringen. Keinesfalls dürfen aber sehr viele verschiedene Paare eingesetzt werden, sonst kommt es bei den Zwergcichliden auch zu Revierkämpfen. Bei einer Mindestgröße des Diskusschauaquariums von 250 Litern kann pro 100 Liter Wasser ein Paar Zwergcichliden eingesetzt werden.

Friedliche Welse sind ideal als Beifische. Viele kleinbleibende *Corydoras*-Welse eignen sich hervorragend. Sie räumen den Aquarienboden regelrecht auf, säubern ihn unermüdlich von Futterresten und spielen somit eine Art Gesundheitspolizei. Diese friedlichen Welse fressen den Diskusfischen auch nicht gierig das Futter weg, sondern sie begnügen sich mit den Resten.

Welche *Corydoras* ausgewählt werden, liegt am Geschmack des Aquarianers. Alle sind gleich gut geeignet. Auch hier kann die gleiche Faustregel für die Besetzung gelten wie bei den Zwergcichliden.

Ancistrus-Welse sind gute Algenvertilger. Sie saugen den ganzen Tag an den Aquarienscheiben. Gerne huschen sie auch über den Bodengrund und suchen Freßbares. Sie sind ebenfalls empfehlenswerte Gesundheitspolizisten, die Futterreste nicht verschmähen.

Große, ausgewachsene Exemplare könnten schon mal versuchen, an ein Diskusgelege zu kommen, aber gute Diskuseltern lassen das nicht zu. Bedenken gegen das Einsetzen von einem oder zwei Pärchen *Ancistrus*-Welsen bestehen also nicht.

Größer werdende Welse sind zwar meist friedlich, aber durch ihre Nachtaktivität ungeeignet. Sie stören durch ihr nächtliches Umherziehen die Diskusfische zu sehr.

Die drei empfohlenen Fischfamilien garantieren die Möglichkeit einer interessanten Besetzung eines Diskusschauaquariums mit Beifischen.

Auf den folgenden Seiten werden Fische vorgestellt, die sich alle gut mit dem Diskus vergesellschaften lassen. Natürlich kann diese Auswahl nicht als absolut verbindlich angesehen werden, aber sie ist eine echte Hilfe für den Aquarianer, der keinen Fehler machen will.

ZUM DISKUS PASSENDE FISCHARTEN

Name	**Kupfersalmler** *Hasemania nana*
Heimat	Ost- und Westbrasilien Kleinere Flüsse Amazoniens
Größe ausgewachsen	5 cm
Aquarienhaltung	Einfach zu haltender Schwarmfisch
Wasserbeschaffenheit	weich bis mittelhart Temperatur 24 bis 28° C
Geschlechtsunterschied	Männchen besonders in der Schwanzflosse kräftiger gefärbt, schlankere Körperform
Wichtig zu wissen	Friedlich, sehr ausdauernd und schwimmfreudig. In der Futterauswahl nicht wählerisch. Bevorzugt leicht saures Wasser

Zum Diskus passende Fischarten

Name	**Rotkopfsalmler** *Hemigrammus bleheri*
Heimat	Südamerika Amazonasoberlauf
Größe ausgewachsen	5–6 cm
Aquarienhaltung	Mittlere Haltbarkeit. Liebt leicht saures Wasser. Friedlicher Schwarmfisch
Wasserbeschaffenheit	weich bis mittelhart, Torfzusatz Temperatur 24 bis 28° C
Geschlechtsunterschied	Männchen in der Schwanzflosse etwas stärker gefärbt, schlankere Körperform
Wichtig zu wissen	Friedlicher Schwarmfisch, der durch kräftige rote Kopffarbe sehr attraktiv aussieht. Eine farbliche Bereicherung für jedes Aquarium. Wird leicht mit dem Rotmaulsalmler verwechselt. Jungfische sind etwas empfindlicher, sonst aber in weichem, saurem Wasser gut haltbar. Allesfresser.

ZUM DISKUS PASSENDE FISCHARTEN

Name	**Schmucksalmler** *Hyphessobrycon bentosi bentosi*
Heimat	Guayana und Amazonasoberlauf
Größe ausgewachsen	bis 4 cm
Aquarien-haltung	Einfach zu haltender Schwarmfisch. Keine hohen Wasseransprüche
Wasser-beschaffenheit	weich bis mittelhart Temperatur 24 bis 30° C
Geschlechts-unterschied	Männchen mit stärker ausgezogener, fahnenartiger Rückenflosse. In der Bauchpartie schlanker
Wichtig zu wissen	Schöner und friedlicher Schwarmfisch. Mindestens 10 Fische in einem Schwarm halten. Ideal für Gesellschaftsaquarien. Hält sich in den mittleren und unteren Wasserschichten auf. Häufig im Fachhandel zu finden. Allesfresser, der an Futter und Wasserbeschaffenheit geringe Ansprüche stellt.

Zum Diskus passende Fischarten

Name	**Kirschflecksalmler** *Hyphessobrycon erythrostigma*
Heimat	Kolumbien
Größe ausgewachsen	5 cm
Aquarienhaltung	Gut haltbare Art. Braucht kräftiges Futter
Wasserbeschaffenheit	weich bis mittelhart Temperatur 24 bis 28° C
Geschlechtsunterschied	Männchen mit stärker ausgezogenen Flossen, besonders die Rückenflosse ist stark fahnenartig nach hinten verlängert.
Wichtig zu wissen	Ein sehr farbenprächtiger Salmler, der ebenfalls im Schwarm gehalten werden muß. Einzeltiere verkümmern. Wird leider nicht so häufig angeboten. Friedlich, gut geeignet zur Vergesellschaftung mit anderen Fischen. Zeigt seine schönen Farben bei kräftiger Fütterung mit tierischem Futter.

ZUM DISKUS PASSENDE FISCHARTEN

Name	**Schwarzer Neon** *Hyphessobrycon herbertaxelrodi*
Heimat	Stromgebiet des Amazonas
Größe ausgewachsen	4 cm
Aquarien-haltung	Einfach zu halten, da er keine besonderen Ansprüche an das Wasser stellt.
Wasser-beschaffenheit	weich bis mittelhart Temperatur 22 bis 28° C
Geschlechts-unterschied	Weibchen im Bauch runder und voller. Männchen manchmal bläulich-weiße Flossenspitzen
Wichtig zu wissen	Friedlicher Schwarmfisch, der immer in Bewegung ist. Schwimmt in der oberen Aquarienhälfte. Braucht gute, abwechslungsreiche Fütterung mit tierischem Futteranteil. Zum Beispiel FD-Menü ist empfehlenswert.

Zum Diskus passende Fischarten

Name	**Schrägsteher** *Nannobrycon eques*
Heimat	Amazonien, Rio Negro, Guayana
Größe ausgewachsen	5 cm
Aquarienhaltung	Nicht mit sehr lebhaften Fischen vergesellschaften, dämmerungsaktiv
Wasserbeschaffenheit	weich, leicht sauer Temperatur 22 bis 28° C
Geschlechtsunterschied	Etwas schwieriger. Weibchen gedrungener mit runderem, vollerem Bauch.
Wichtig zu wissen	Etwas schwieriger zu halten, da höhere Ansprüche an die Wasserbeschaffenheit gestellt werden. Benötigt feines, auch tierisches Futter, das hauptsächlich in der Dämmerung gesucht wird. Sollte im Schwarm gehalten werden. Versteckt sich gerne in dichter Bepflanzung.

ZUM DISKUS PASSENDE FISCHARTEN

Name	**Roter Neon** *Paracheirodon axelrodi*
Heimat	Amazonien, nördliche Zuflüsse des Rio Negro
Größe ausgewachsen	4 cm
Aquarien-haltung	Einfach zu haltende Art, die sowohl an das Wasser, als auch an das Futter geringe Ansprüche stellt.
Wasser-beschaffenheit	weich bis mittelhart Temperatur 22 bis 30° C
Geschlechts-unterschied	Schwierig zu unterscheiden. Männchen etwas schlanker
Wichtig zu wissen	Friedlicher Schwarmfisch mit hohem Bekanntheitsgrad. Sehr intensive Farben, die in dunkel eingerichteten Aquarien besonders stark auffällt. Farbklecks für jedes Diskusaquarium. Liebt leicht saures Wasser, das über etwas Torf gefiltert wird. Allesfresser. Sehr schwierig nachzuzüchten.

Zum Diskus passende Fischarten

Name	**Neonsalmler** *Paracheirodon innesi*
Heimat	Östliches Peru, Rio Putumayo
Größe ausgewachsen	4 cm
Aquarienhaltung	Einfach zu halten, stellt wie der Schwarze Neon keine Ansprüche an das Wasser
Wasserbeschaffenheit	weich bis hart Temperatur 20 bis 28° C
Geschlechtsunterschied	Männchen schlanker, als die dickbauchigeren Weibchen.
Wichtig zu wissen	Heute der beliebteste Aquarienfisch. Die Nachzuchtfische sind sehr problemlos in den Hälterungsansprüchen. Von Natur aus liebt er weiches, saures Wasser. Also ein idealer Beifisch für Diskusaquarien. Muß unbedingt im Schwarm gehalten werden. In einem großen Aquarium sollten ruhig 50 bis 100 Stück eingesetzt werden. Frißt jede Art von feinem Futter.

ZUM DISKUS PASSENDE FISCHARTEN

Name	**Sternflecksalmler** *Pristella maxillaris*
Heimat	Nördliches Südamerika, Amazonasgebiet
Größe ausgewachsen	4 bis 5 cm
Aquarien-haltung	Einfach zu haltender Salmler. Besonderes Wohlbefinden in leicht saurem und sehr weichem Wasser.
Wasser-beschaffenheit	weiches Wasser, Torfzusatz Temperatur 22 bis 28° C
Geschlechts-unterschied	Männchen schlanker, durchscheinende spitz zulaufende Schwimmblase, beim Weibchen rund. Männchen haben stärkere Schwanzflossenfärbung.
Wichtig zu wissen	Friedlicher und anspruchsloser Schwarmfisch, der seine schönen Farben in sehr weichem Wasser zeigt. Farbe ist stark abhängig von Wasserbeschaffenheit und guter Fütterung. Sehr schwimmfreudige Salmler, die entsprechenden Schwimmraum brauchen.

Zum Diskus passende Fischarten

Name	**Schrägschwimmer** *Thayeria boehlkei*
Heimat	Amazonasgebiet, Peru
Größe ausgewachsen	5 bis 6 cm
Aquarienhaltung	Anspruchsloser Fisch. Reagiert empfindlich auf hohe Nitratwerte
Wasserbeschaffenheit	weich bis mittelhart Temperatur 22 bis 28° C
Geschlechtsunterschied	Männchen schlanker, Weibchen volleren Bauch
Wichtig zu wissen	Ruhiger und friedlicher Schwarmfisch. Ideal für das Gesellschaftsaquarium. Liebt regelmäßige Teilwasserwechsel. Nachzuchttiere vertragen auch höhere Wasserhärte. Diskusaquarium ideal für diesen Salmler. Allesfresser, der auch hier keine Ansprüche stellt.

ZUM DISKUS PASSENDE FISCHARTEN

Name	**Agassiz' Zwergbuntbarsch** *Apistogramma agassizii*
Heimat	Brasilien, Amazonasgebiet
Größe ausgewachsen	8 cm
Aquarienhaltung	Gut haltbar in nitratarmem Wasser. Revierbildend
Wasserbeschaffenheit	weich bis mittelhart, Torfzusatz, leicht sauer Temperatur 22 bis 28° C
Geschlechtsunterschied	Leicht zu unterscheiden: Männchen größer und farbiger, stärker ausgezogene Flossenspitzen
Wichtig zu wissen	Friedlicher Zwergcichlide, der Reviere bildet. Kein Wühler; Männchen laicht mit mehreren Weibchen hintereinander ab. Weibchen pflegen die Brut. Liebt Versteckplätze unter Wurzeln. Laicht in Höhlen, interessante Brutpflege. Verschiedene Farbvarianten sind erhältlich.

Zum Diskus passende Fischarten

Name	**Borelli's Zwergbuntbarsch** *Apistogramma borellii*
Heimat	Südamerika, Mato-Grosso
Größe ausgewachsen	Männchen 8 cm, Weibchen 5 cm
Aquarienhaltung	Bei guter Wasserqualität einfach zu halten. Empfindlich gegen Medikamenteneinsatz.
Wasserbeschaffenheit	weich bis mittelhart, Torfzusatz Temperatur 22 bis 28° C
Geschlechtsunterschied	Männchen deutlich größer und schöner gefärbt. Flossen stärker ausgezogen.
Wichtig zu wissen	Friedliche Zwergcichliden. Männchen bilden einen Harem. Unterlegene junge Männchen tragen zur Tarnung schwaches Farbkleid der Weibchen, deshalb zu jedem Männchen mindestens zwei Weibchen kaufen. Laichverhalten wie bei *A. agassizii*. Fressen Lebendfutter und gefriergetrocknetes Futter, nach Eingewöhnung auch spezielles DiskusFutter.

ZUM DISKUS PASSENDE FISCHARTEN

Name	**Schmetterlingsbuntbarsch** *Papiliochromis ramirezi*
Heimat	Steppengebiete westlich des Rio Orinoco in Venezuela und Kolumbien
Größe ausgewachsen	5 bis 7 cm
Aquarien-haltung	Zusammen mit ruhigen Fischen gut zu halten. Revierbildend.
Wasser-beschaffenheit	weich, für Nachzuchttiere auch mittelhart Temperatur 22 bis 30° C
Geschlechts-unterschied	Männchen etwas größer und besser gefärbt. Dritter und vierter Rückenflossenstrahl stärker ausgezogen.
Wichtig zu wissen	In Aquarium mit ruhigen Fischen fühlt er sich in kleinen Gruppen sehr wohl. Hebt Laichgruben aus. Natürliche Nachzucht schwierig. Werden meist künstlich aufgezogen. Sehr beliebter Aquarienfisch. Für Diskusfische der richtige Partner.

Zum Diskus passende Fischarten

Name	**Metallpanzerwels** *Corydoras aeneus*
Heimat	Trinidad, Venezuela
Größe ausgewachsen	bis 7 cm
Aquarien-haltung	Einfach zu halten. Mindestens zwei Fische zusammen halten
Wasser-beschaffenheit	weich bis hart Nachzuchttiere sind anspruchslos Temperatur 22 bis 28° C
Geschlechts-unterschied	Männchen schlanker. Rückenflosse stärker ausgezogen
Wichtig zu wissen	Friedlicher Wels, der den ganzen Tag unermüdlich über den Aquarienboden huscht. Dort sucht er Freßbares. Gut für Diskusaquarien geeignet. Nicht wählerisch im Futter. Verzehrt gerne Futtertabletten. Nachzuchttiere sind sehr unempfindlich.

ZUM DISKUS PASSENDE FISCHARTEN

Name	**Stromlinien-Panzerwels** *Corydoras arcuatus*
Heimat	Amazonasgebiet
Größe ausgewachsen	6 cm
Aquarien-haltung	Einfach zu halten. Geringe Ansprüche an Wasser und Futter. In kleinen Schwärmen halten.
Wasser-beschaffenheit	weich bis hart Temperatur 22 bis 28° C
Geschlechts-unterschied	Männchen etwas größer, Rückenflosse spitzer ausgezogen.
Wichtig zu wissen	Sehr friedlicher Panzerwels. Läßt sich gut mit Artgenossen zusammen halten. Zucht möglich. Legt Eier an Steine oder Scheiben. Frißt alles angebotene Futter. Sucht unermüdlich den Boden nach Futter ab.

Zum Diskus passende Fischarten

Name	**Schwarzbinden-Panzerwels** *Corydoras melanistius*
Heimat	Britisch-Guayana, Amazonasgebiet
Größe ausgewachsen	6 cm
Aquarien-haltung	Einfach zu halten im Gesellschaftsaquarium. Stellt keine besonderen Ansprüche.
Wasser-beschaffenheit	weich bis hart Temperatur 22 bis 28° C
Geschlechts-unterschied	Außerhalb der Laichzeit keine Geschlechtsunterscheidung möglich. Laichreife Weibchen etwas fülliger.
Wichtig zu wissen	Friedlicher Wels, der in kleinen Gruppen gehalten werden sollte. Hälterung und Futter wie bei den vorbeschriebenen *Corydoras*-Arten.

ZUM DISKUS PASSENDE FISCHARTEN

Name	**Blauer Antennenwels** *Ancistrus dolichopterus*
Heimat	Amazonasgebiet
Größe ausgewachsen	10 bis 14 cm
Aquarien-haltung	Einfach zu halten Nachzuchttiere sind sehr anpassungsfähig
Wasser-beschaffenheit	weich bis hart Temperatur 22 bis 28° C
Geschlechts-unterschied	Männchen werden deutlich größer und haben geweihartige Auswüchse am Kopf. Die Abbildung zeigt ein männliches Jungtier
Wichtig zu wissen	Genügsame und sehr pflegeleichte Welse, die jedem Diskusliebhaber zu empfehlen sind. Sie lieben Höhlen als Verstecke und laichen auch dort ab. Das Männchen bewacht die orangefarbenen Eier. Haltung möglichst paarweise.

ZUM DISKUS PASSENDE FISCHARTEN

Name	**Punktierter Schilderwels** *Hypostomus punctatus*
Heimat	Südbrasilien
Größe ausgewachsen	bis zu 30 cm, im Aquarium um 20 cm
Aquarienhaltung	Einfach zu haltender Fisch, der nachtaktiv ist
Wasserbeschaffenheit	mittelhart bis hart Temperatur 20 bis 28° C
Geschlechtsunterschied	unbekannt
Wichtig zu wissen	Friedlicher, aber etwas merkwürdig aussehender Wels, der die Scheiben sehr sauber hält. Restevertilger. Diskuszüchter halten oft diese Welse zusammen mit aufzuziehenden Diskus, um Futterreste vertilgen zu lassen. Er braucht gute Versteckmöglichkeiten. Nur in größere Diskusaquarien einsetzen.

RICHTIGE PFLEGE VON DISKUSFISCHEN

Es wird immer wieder behauptet, daß Diskusfische Problemfische sind. Die Realität sieht aber etwas anders aus. Diskusfische vertragen eine ganze Portion auch unsachgemäßer Behandlung. Sie sind richtig hart im Nehmen. Neonfische, Zwergcichliden, Bärblinge und andere Kleinfische sind viel empfindlicher als unsere Diskusfische. Sehr kranke Diskusfische leben noch Wochen und Monate im Aquarium. Sie fressen monatelang nichts mehr, magern ab und warten auf Hilfe durch ihren Pfleger. Deshalb stehen einige Pflegeregeln am Anfang dieses Kapitels, die jeder Diskusliebhaber beherzigen sollte.

Da wäre zuerst der regelmäßige Wasserwechsel zu nennen. Er darf nicht vernachlässigt werden. Regelmäßig bedeutet in einem Pflanzenaquarium einen wöchentlichen Wasserwechsel von etwa zehn Prozent des Aquariuminhaltes. Es darf natür-

HECKEL-Diskus und Grüne Diskus-Wildfänge können durchaus in bepflanzten Aquarien zusammen gehalten werden. Voraussetzung ist eine gute Quarantänebehandlung, damit keine Krankheiten auftreten.

Richtige Plege von Diskusfischen

lich auch etwas mehr sein. Kann das Wasser nur alle zwei Wochen gewechselt werden, müssen mindestens zwanzig Prozent ausgetauscht werden. Beim Wasserwechsel müssen natürlich auch die Schmutzstoffe vom Bodengrund mit abgesaugt werden. Doch auch dieser wöchentliche Teilwasserwechsel kann zu wenig sein, wenn die Diskus zum Beispiel mit Rinder-

Nachzuchttier aus einer Verbindung von Braunem und Grünem Diskus. Dieser halbjährige Jungfisch besitzt hohe Rotanteile.

herz gefüttert werden. Bei dieser Fütterung bleiben erfahrungsgemäß viele kleine Stückchen auf dem Beckenboden liegen. Das kann schnell zur Wasserverschlechte-

rung führen. Für Abhilfe könnten hier einige Bodenfische, wie z. B. Welse, sorgen, die diese Futterreste vertilgen. Ist dies nicht der Fall, müssen sie täglich abgesaugt werden. Selbstverständlich werden auch Mückenlarven, die nicht gefressen wurden, vom Bodengrund abgesaugt, damit es keine dramatischen Wasserverschlechterungen geben kann. Durch das spezielle DiskusFutter ist diese Gefahr wesentlich geringer geworden. Futterreste im Aquarium werden oft in ihren Auswirkungen auf die Fische unterschätzt. Da es sich um stark eiweißhaltige Inhaltsstoffe handelt, entstehen schnell giftige Eiweißverbindungen.

Ein weiterer Faktor zur Wasserverschlechterung sind im Wasser befindliche Wurzeln, die Schadstoffe abgeben. Wurzeln sind auf ihre Eignung für Aquarien zu prüfen. Belastetes Wasser ist für einige Tage über sehr gute Aktivkohle zu filtern.

Oft werden Diskusfische auch zu kalt gehalten. Wie bereits erklärt, sollten die Hälterungstemperaturen nicht unter 27° C liegen. Hier finden wir in der Literatur stets widersprüchliche Meinungen. Vertrauen Sie einem erfahrenen Diskuszüchter. Gerade die erfolgreiche Pflege in bepflanzten und eingerichteten Aquarien stellt die Hohe Schule der Diskushaltung dar.

Eine weitere Voraussetzung für die richtige Pflege sind gesunde Tiere. Selbstverständlich sollten nur solche Fische in ein eingerichtetes Aquarium gesetzt werden. Hier wird gerne nachlässig vorgegangen. Der Einsatz von Quarantäneaquarien wird als lästig angesehen. Dann passieren

RICHTIGE PLEGE VON DISKUSFISCHEN

Ein gut zusammengestelltes Zuchtpaar von Türkisdiskus. Das bulligere Männchen steht rechts. Auch das Weibchen besitzt erstaunlich gut ausgezogene Rückenflossen mit starker Rotfärbung.

die großen Fehler und die Probleme sind vorprogrammiert. Daher ist ein Quarantäneaquarium unbedingt empfehlenswert. Nur dort können kranke Diskusfische wirklich geheilt werden. Ein Quarantäneaufenthalt von mindestens 14 Tagen ist zu empfehlen. Gelingt es nämlich wirklich, gesunde Diskus in das eingerichtete Aquarium zu setzen, dürfte es dort, bei Einhaltung der Pflegeempfehlungen, auch keine großen Krankheitsausbrüche mehr geben. Der Diskusliebhaber muß einfach davon ausgehen, daß jeder neu erworbene Fisch, auch der Diskus, Krankheitsträger ist. Diese Aussage trifft nicht nur auf Wildfänge, sondern auch auf Nachzuchtdiskus zu. Das Wasser enthält viele Keime. Muß es ja auch, denn es laufen im Wasser biochemische Vorgänge ab, die für das gesamte Leben im Wasser wichtig sind. Ist das Aquarium gut bepflanzt und wachsen die Pflanzen gut, dann ist die Biologie in Ordnung. Der Besitzer eines solch gut funktionierenden Aquariums sollte so wenig wie möglich eingreifen und Veränderungen vornehmen. In gut bepflanzten Aquarien ist die Krankheitsanfälligkeit der Diskusfische geringer.

Dem pH-Wert kommt eine große Bedeutung zu. Dieser erfordert eine regelmäßige Überwachung. Solange der pH-Wert in Bereichen zwischen 5,5 und 6,5 liegt, ist er ideal. Durch eine CO_2-Düngung kann der pH-Wert schon im leicht sauren Bereich liegen, wenn keine oder nur eine geringe Karbonathärte vorhanden ist. Dies kommt den Diskusfischen entgegen. In saurem Wasser, zum Beispiel bei pH 5,0, können sich Bakterien schlechter vermehren. Die Krankheitsentwicklung wird gehemmt.

Sobald der pH-Wert über die neutrale Grenze von 7,0 zu steigen beginnt, sollte mit einer Absenkung begonnen werden. Dies kann zum Beispiel durch den Einsatz von Filtertorf erreicht werden. Eine dauerhafte pH-Absenkung ist nur über eine Senkung der Karbonathärte auf 1–3° dH (Tetra AquaTopSystem) bei gleichzeitiger Zudosierung von CO_2 auf die entsprechende Konzentration möglich.

DIE RICHTIGE FÜTTERUNG

In einem alten Buch über die Fütterung von Aquarienfischen ist zu lesen, daß der „Scheibenbuntbarsch" – *Symphysodon discus* Wasserflöhe, *Cyclops*, weiße, rote und schwarze Mückenlarven und Enchyträen frißt. Das Kapitel endet mit der Bemerkung: „Frißt kein Trockenfutter. Diskus sind nur schwierig an Frostfutter zu gewöhnen."

Genau das Gegenteil ist heute der Fall.

Gutes Flocken- oder Fertigfutter stellt eine Hauptnahrungsquelle für unsere Diskusfische dar. Ohne die ausgezeichneten, künstlich hergestellten Futterarten würde der Diskus noch mehr zum Problemfisch werden. Erst das Fertigfutter ermöglicht es, Diskusfische durch Freunde oder Verwandte in den Ferien füttern zu lassen. Während eines Arbeitstages können zu Hause gebliebene Familienmitglieder einfach und schnell die Fische mit gutem Futter versorgen. In der Aufzucht benötigen Diskusfische schon mehrere Futterportionen über den Tag verteilt. So kann das erste mal am Morgen aktiv gefüttert werden. Über den Vor- und Nachmittag verteilt, können, je nach Größe der Fische, zwei bis fünf weitere Fütterungen vorgenommen werden. Am Spätnachmittag kann sich der Diskusbesitzer, der von der Arbeit nach Hause kommt, wieder selbst um seine Fische kümmern und möglicherweise problematischeres Spezialfutter füttern.

Spezialfutter für Diskusfische

Während der Entstehung dieses Buches wurde durch Tetra ein spezielles Diskusfertigfutter auf dem deutschen Markt eingeführt, das schon längere Zeit von japanischen Diskusfreunden mit großem Erfolg verfüttert wurde. Erstmals gibt es jetzt ein spezielles DiskusFutter. Die Zusammensetzung ist genau auf die Bedürfnisse dieser Fischart abgestimmt. Als schöner Nebeneffekt ist festzustellen, daß alle Beifische in einem Diskusaquarium ebenfalls begeistert dieses Futter annehmen.

Sicherlich ist der Diskus etwas schwierig in der Umstellung auf ein neues Futter. Doch dieses Problem ergibt sich selbst bei Lebendfutter. Diskusfische, die gerne gefrostete rote Mückenlarven fressen, werden sehr wahrscheinlich lebende weiße Mückenlarven nicht sofort als Futter annehmen. Es wird eine ganze Zeit dauern, bis neues, ungewohntes Futter akzeptiert wird. Diese Umgewöhnungsphase kann nur durch entsprechende Aufmerksamkeit des Pflegers zum Erfolg führen. Immer wieder muß das neue Futter den Fischen angeboten werden. Verschmähtes Futter ist bald wieder abzusaugen. Spätestens nach einigen Tagen werden die ersten Diskusfische beginnen, das neue Futter zu fressen. Ist dies erst einmal der Fall, dauert es nicht mehr lange, bis alle Diskus dieses Futter annehmen. So ist es auch bei diesem DiskusFutter der Fall. Anzumerken ist

DIE RICHTIGE FÜTTERUNG

auch, daß kleinere Diskusfische viel leichter an ein neues Futter zu gewöhnen sind. Ausgewachsene Diskusfische sind da immer etwas heikler. Doch selbst Wildfänge sind nach einer Eingewöhnungszeit an gutes Ersatzfutter zu bringen.

Fische wählen sich ihr Futter aus. So unwahrscheinlich dies klingt, es ist so. Fische riechen sehr gut. Der Futtergeruch ist ein wesentlicher Faktor. Sie können noch die kleinsten Moleküle geruchlich feststellen.

Aussehen und Farbe des Futters spielen ebenfalls für den Diskus eine Rolle. Da er in der Natur auch hartschaliges Futter, wie Kleinkrebse, zu sich nimmt, darf sein Futter etwas fester in der Konsistenz sein. Diskusfische nehmen sowohl ihr Futter von der Oberfläche, als auch aus den mittleren Wasserschichten. Im Aquarium fressen sie auch zu Boden gefallenes Futter. Sie pusten dabei in den Untergrund, oder, falls nicht vorhanden, auch in das am Boden liegende Futter. Das Futter, das durch dieses Hineinpusten aufgewirbelt wird,

Gierig stürzen sich diese „Halbstarken" auf das DiskusFutter, das alle wichtigen Aufbaustoffe enthält. Diese Jungfische sind vom Farbschlag „Rottürkis".

Die richtige Fütterung

wird sofort gefressen. Bei einer Futterumstellung spucken Diskusfische hartes Futter gerne immer wieder aus, um es aber gleich wieder einzusaugen. Ältere Diskusfische sind langsame Fresser. Diese Eigenheit ist auch bei der Besetzung eines Diskusaquariums mit anderen Fischen zu bedenken. Da die meisten Fische, auch der Diskus, Schlinger sind, wird die Nahrung unzerkleinert in den vorderen Verdauungsraum aufgenommen. So kommen zum Beispiel lebende Mückenlarven auch noch lebend im Verdauungstrakt an. Durch dieses Schlingen kann auch festere, härtere Nahrung, wie das neue DiskusFutter, sehr gut aufgenommen werden.

Auch ausgewachsene Diskus, wie dieser Brillanttürkismann, sind gut an Fertigfutter zu gewöhnen.

Der Diskusfisch gehört zu den „omnivoren" Fischen. Dies bedeutet, er ist Allesfresser. Innerhalb dieser Gruppe ist er wiederum „polyphag", was aussagt, daß er verschiedene Futtersorten akzeptiert. Er frißt einerseits fleischhaltiges Futter, wie Mückenlarven, Rinderherz, Garnelen usw. Andererseits nimmt er aber auch pflanzliche Nahrung in Form von Algen oder Spinat zu sich. Diese Tatsache muß bei der Futterzusammenstellung berücksichtigt werden.

Lebendfutter enthält von Natur aus pflanzliche Anteile, die der Diskus wieder verwenden kann. Das Gleiche geschieht bei der Verfütterung von Shrimps. Schwieriger wird die Versorgung mit pflanzlichen Futterstoffen schon bei der Anfütterung von Diskusjungen mit *Artemia*-Nauplien. Diese Kleinstkrebschen müssen unbedingt vor der Verfütterung an die kleinen Diskus mit pflanzlichem Futter gefüttert werden. Dazu eignet sich zum Beispiel TetraPhyll oder ein Flüssigfutter.

Gerne füttern Diskuszüchter ihre Diskusfische mit fein zerkleinertem, entsehntem Rinderherz. Rinderherz ist keinesfalls als Alleinfutter geeignet; es käme bei einseitiger Fütterung schnell zu Mangelerscheinungen. Rinderherz kann verfüttert werden, wenn es mit Zusatzstoffen angereichert wurde. Der hohe Eiweißgehalt des Rinderherzes führt auch schnell zur Zersetzung in warmem Wasser. Daher sind Futterreste unbedingt schnell abzusaugen.

Lebendfutter bedarf auch einer Vorbehandlung. Die meisten Lebendfutterarten werden dem Aquarianer in gefrostetem Zustand angeboten. Dieses Frostfutter muß frisch und unverseucht sein. Gerade rote Mückenlarven, die sehr gerne verfüttert werden, können Schadstoffe enthalten, denn schließlich leben diese Mücken-

Die richtige Fütterung

Gerade im eingerichteten Aquarium hat dieses DiskusFutter erhebliche Vorteile. Heruntergefallene Körnchen bleiben gut sichtbar. Dieses Futter zerfällt nicht und trübt auch nicht das Wasser.

schränkt abzulehnen. Ein sehr gutes, häufig aber nicht so schnell akzeptiertes Futter sind schwarze Mückenlarven. Werden kleinere Diskusfische früh an diese schwarzen Mückenlarven gewöhnt, nehmen sie diese auch als ausgewachsene Fische gierig auf. Wem die Enchyträenzucht nicht zu viel Arbeit macht, kann durch Zufüttern mit diesen kleinen weißen Würmern einen guten Laichansatz bei Diskusweibchen erzielen. Ein weiteres, sehr gutes Futter sind Futtertabletten mit hohem Anteil von gefriergetrocknetem Lebendfutter. Diese FD-Tips werden gerade von kleinen Diskusfischen problemlos angenommen. Durch das Aufträufeln von ein bis zwei Tropfen flüssiger Vitamine kann der Wert dieser Tabletten gesteigert werden.

Wichtig bei jeder Fütterung ist, daß verschmähtes Futter schnell wieder entfernt wird.

larven in Abwässern. Durch das Einfrieren werden die Krankheitserreger nicht völlig abgetötet. Da wäre die bessere Alternative ein gefriergetrocknetes Futter, jedoch wird dies von größeren Diskusfischen nicht mehr gerne genommen. Lebende rote Mückenlarven sind daher vor der Verfütterung gut mit Wasser zu spülen. Sie werden zu diesem Zweck in ein Stück feinen Nylonstrumpf eingebunden und unter fließendes Wasser gehängt.

Tubifexwürmer sind sehr verschmutzt und deshalb als Diskusfutter uneinge-

Einrichtung eines Zuchtaquariums

Ist die Haltung von Diskusfischen schon ein befriedigendes und schönes Hobby, so ist die geglückte Nachzucht dieser Aquarienkönige so faszinierend und aufregend, daß jeder Süßwasseraquarianer dieses Glücksgefühl einmal erleben sollte.

Ein Diskuszuchtaquarium muß sich von einem Diskushälterungsaquarium oder sogar von einem voll eingerichteten Schauaquarium unterscheiden. Den Erfordernissen der Zucht muß Rechnung getragen werden. Diskusfische in einem eingerichteten, dicht bepflanzten Aquarium erfolgreich nachzuzüchten ist zwar möglich, aber eben doch die Ausnahme. Viele Jungfische würden wahrscheinlich in den ersten Wochen verloren gehen.

Für eine erfolgreiche Zucht sind daher spezielle Aquarien einzurichten. Über die richtige Größe eines solchen Zuchtaquariums werden sich die Profis vielleicht streiten. Ideal erscheinen mir jedoch Aquarien, die nicht zu groß sind. So haben die Diskuslarven eine bessere Bindung an die Eltern. Eine Aquarienbreite von 50 bis 60 cm, eine ebensolche Tiefe und eine Höhe von 50 cm sind ausreichend. Aquarien dieser Größenordnung haben einen Wasserinhalt von 125–150 Litern. Das Zuchtaquarium darf nicht zu tief stehen. Ideal ist eine Standhöhe von mindestens 70 bis 80 Zentimetern. Stehen die Aquarien tiefer, so sind die Fische meist sehr schreckhaft, denn die Schatten, die ins Aquarium fallen, erzeugen Fluchtreaktionen bei den Diskusfischen. Nur bei entsprechender Ruhe können die Zuchtpaare auch erfolgreich Junge nachziehen.

Bei der Standortwahl muß auch der Lichteinfall aus der Umgebung berücksichtigt werden. Es besteht die Möglichkeit, die Zuchtaquarien seitlich mit Folie oder Papier zu verkleiden. So haben die Fische mehr Ruhe. Die Aquarien sind von oben zu beleuchten. Im Falle eines Ablaichens ist ein schwaches Nachtlicht einzuplanen.

Zum Heizen von Zuchtaquarien eignen sich unter dem Aquarium liegende Heizplanen, aber auch Regelstabheizer. Die Heizgeräte müssen über eine gute Thermostatregelung verfügen, da zur Zucht von Diskusfischen eine konstante Temperatur von 30° C benötigt wird. Die Temperatur des Wassers wirkt sich auf die Reifung der Eier aus.

Wichtig für eine erfolgreiche Diskuszucht ist ein guter, nicht zu stark arbeitender Filter. Da Aquarien mit etwa 150 Litern Inhalt und nur zwei Fischen nicht zu stark gefiltert werden müssen, reicht ein entsprechend dimensioniertes Filtersystem aus. Sehr bewährt haben sich

Einrichtung eines Zuchtaquariums

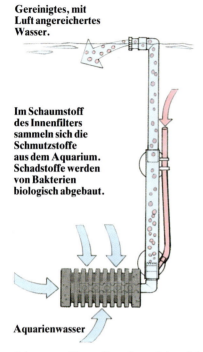

Gereinigtes, mit Luft angereichertes Wasser.

Im Schaumstoff des Innenfilters sammeln sich die Schmutzstoffe aus dem Aquarium. Schadstoffe werden von Bakterien biologisch abgebaut.

Aquarienwasser

Schwammfilter, die mit Luft betrieben werden. Dieses Brillant-Filtersystem hat enorme Vorteile. Oft werden kleine Diskusfische, beziehungsweise die Larven in den Filter gezogen und sterben dort schnell ab. Schon ganze Bruten sind im Filter verschwunden. Die Schaumstoffpatronen können keine Jungfische einsaugen. Sie müssen nur so gestellt werden, daß die kleinen Diskusfische sich nicht zwischen Scheibe und Filterschwamm verkriechen und einzwängen können. Der Schwimmraum rund um den Schwamm muß gewährleistet sein.

Diese wirksamen, aber dennoch einfachen Filter werden mit Hilfe von Luftpumpen betrieben. So ist es möglich mehrere Zuchtaquarien nebeneinander zu stellen und mit der gleichen Luftpumpe zu betreiben.

Werden die Zuchtaquarien mit anderen Wasser ansaugenden Filtern betrieben, sind die Ansaugrohre unbedingt so zu verschließen, daß keine Jungfische angesaugt werden können.

Ein umgestülpter Tontopf dient zum Ablaichen. Schnell und problemlos erkennen die Zuchttiere, daß dieser Tontopf das ideale

Typischer schwerer Laichkegel für Diskusfische. Bei diesem handgearbeiteten Exemplar wurden zwei Absätze und eine Auffangschale für die Larven eingearbeitet. So gehen die Larven nicht so schnell verloren.

Laichsubstrat ist. Mit ziemlicher Sicherheit legt das Weibchen die Eier an diesem Topf ab. In einem solchen Zuchtaquarium muß, bei Beachtung der Zuchtempfehlungen dieses Buches, die Nachzucht klappen.

Gekonnte Diskuszucht

Die richtigen Zuchtfische

Am Anfang jeder Zuchtbemühung muß die Auswahl der richtigen Zuchtfische stehen. Es ist sicher nicht einfach, ein gutes Zuchtpaar zu bekommen. Im Handel ist ein echtes, harmonierendes Paar nur sehr selten zu finden. Welcher Züchter verkauft schon gerne gut züchtende Paare? Diskusfische, die erfolgreich Junge nachziehen sollen, müssen sich sehr gut vertragen. Kommt es ständig zu Streitereien, endet dies im Fressen der Eier oder Larven. So kann manche Diskuszucht mißlingen. Diskusfische bilden echte Paare, wie dies gerade bei Großcichliden häufig der Fall ist. Diese Paare können auf Lebenszeit zusammenhalten, ein weiterer Grund, nur solche Fische zusammenzustellen, die zusammenpassen. Da sich die Diskuslarven in den ersten Tagen vom Nährschleim der Eltern ernähren müssen, kann nur mit einem gut führenden Paar auf Dauer erfolgreich nachgezüchtet werden.

Wie kommt man nun zu guten Zuchttieren? Da echte Zuchtpaare schwer zu kaufen sind, muß sich der Züchter seine Zuchttiere selbst zusammenstellen. Dies setzt voraus, daß eine Auswahl aus erwachsenen Tieren getroffen werden kann. Doch da tauchen schon wieder Probleme auf. Die Geschlechtsunterschiede bei Diskusfischen sind so gering und schwierig zu erkennen, daß ein Zusammenstellen von Zuchtpaaren etwas Glück erfordert. Einfacher ist es, einen kleinen Schwarm von Jungtieren gemeinsam aufzuziehen und abzuwarten, bis sich von selbst Paare zusammenfinden.

Diskusfischarten lassen sich auch untereinander kreuzen. Dies bedeutet, daß es möglich ist, einen braunen Wildfang mit einem Flächentürkis zum Ablaichen zu bringen. Ob die Zuchtergebnisse aber auch zufriedenstellend ausfallen, sei dahingestellt. Oft wird der Fehler gemacht, daß jedes Paar, das ablaicht, ohne Rücksicht auf eine Auslese, zur Zucht weiterverwendet wird. So kommt es immer wieder zu Farbvermischungen bei Nachzuchtdiskusfischen, die abzulehnen sind. Die Farbe der Elternfische ist ein wichtiges Auswahlkriterium für die Zucht. Braune Diskus sind mit anderen Braunen Diskus zu kreuzen. Selbstverständlich ist auch hier auf die Farbintensität, auf die runde Form oder auf Streifenfehler der Elterntiere zu achten. Durch Einhaltung dieser Auswahlkriterien gibt es mit Sicherheit immer gut gefärbte, kräftige und runde Braune Diskusfische.

Besonders schlimm ist jedoch ein Einkreuzen bei den Nachzuchtvarianten. Durch Kreuzungen mit farbschwächeren Tieren muß es zu Rückschlägen kommen. Gezielte Einkreuzungen können natürlich auch gewollte Veränderungen hervorbringen und gewünschte Merkmale festigen. Gerade bei Inzuchtstämmen von Nachzuchtfischen ist es ganz nützlich, Wildfänge einzukreuzen. Wenn zum Beispiel

GEKONNTE DISKUSZUCHT

Dieses herrliche Brillanttürkismännchen bietet sich von Form, Farbe, Beflossung und Augenfarbe als Zuchttier an. Gelingt es, ein ähnliches Weibchen zu finden, wäre dies ein ideales Zuchtpaar.

mehrere Generationen Türkisdiskus nachgezüchtet wurden und plötzlich Formschwächen auftauchen, kann durch das Einkreuzen einzelner grüner Wildfänge die Form verbessert werden. Durch dieses Einkreuzen werden wieder vermehrt Wildfarben bei den Nachzuchten auftauchen. Sind diese Farben unerwünscht, muß wieder eine Zuchtauslese zur Weiterzucht betrieben werden.

Legt der Züchter großen Wert auf rote Augen bei seinen Fischen, darf er selbstverständlich keine Diskus mit gelben Augen zur Zucht verwenden. Dennoch können Vorfahren mit gelben Augen bei den Nachkommen von rotäugigen Diskus noch teilweise durchschlagen.

Sehr schwierig ist es, bei Diskusfischen die Geschlechter zu erkennen. Es gibt keine absolut zuverlässigen Geschlechtsmerkmale bei diesen Fischen. Selbst sehr erfahrene Züchter können sich bei der Geschlechtsbestimmung irren. Anhaltspunkte gibt es einige, nur sind sie, wie gesagt, nicht ganz zuverlässig. Am sichersten können noch die Geschlechter bei gemeinsam aufgewachsenen Geschwistern festgestellt werden. In dieser Gruppe sind die Weibchen fast immer etwas kleiner und schwächer gefärbt. Bei Vergleichsfischen wird der männliche Fisch stärker ausgezogene Flossenspitzen haben. Der etwas abgerundete Rücken- oder Bauchflossensaum deutet auf einen weiblichen Fisch hin. Die ständerartigen Flossen sind bei Männchen meist länger ausgezogen und von vorne gesehen enger beieinanderstehend. Diskusmänner zeigen oft typisch bullige Kopfpartien. Sicher sind die Geschlechter nur während des Ablaichens zu erkennen. Das Männchen zeigt eine spitz zulaufende Samenröhre, die etwa zwei bis drei Millimeter aus dem Körper ragt. Die weibliche Legeröhre ist breiter und rund. Sie hat eine Länge von etwa drei bis vier Millimetern.

Werden mehrere ausgewachsene Diskusfische in einem Aquarium zusammengehalten, wird sich ein Paar finden. Dieses Paar wird sich absondern, sein Territorium verteidigen und auch ablaichen. Vor dem Ablaichen zeigen Diskusfische eine typische Laichfärbung. Schon Tage vor dem Ablaichen zeigen die äußeren Flossenränder eine dunkle Farbe. Bei manchen

Fischen erscheint der Rand sogar richtig schwarz. Von den neun Körperstreifen treten die letzten vier bis fünf Streifen stärker hervor. Kopf- und Schwanzspitze können hell erscheinen. Von Fisch zu Fisch treten diese Farbvarianten stärker oder schwächer auf. Alle diese Merkmale weisen darauf hin, daß die Fische laichbereit sind. Ein echtes Paar hat sich gefunden.

Vorbereitung des Zuchtaquariums

Über die Einrichtung eines Zuchtaquariums wurde bereits geschrieben. Einige praktische Anmerkungen sollen noch ergänzend angeführt werden. Stehen mehrere Aquarien nebeneinander, ist es vorteilhaft, wenn sich die einzelnen Paare sehen können. Dieser „Feindblick" verhindert oft das Fressen der eigenen Eier. Das ablaichende Paar hat im Nachbarbecken Freßfeinde, vor denen die Eier beschützt werden müssen. Schwimmen die Larven erst einmal frei, kann mit Hilfe eines Stücks Karton die Sicht zum Nachbaraquarium wieder genommen werden. Jetzt hat das Paar Ruhe, um sich um seinen Nachwuchs zu kümmern. Beim Bewachen der Eier sollen sich die Eltern abwechseln. Während ein Fisch vor dem

Ein Diskuspaar des Farbschlags „Flächig-türkis". Das links stehende Weibchen ist etwas kleiner. Beide Fische sind optimal gefärbt. Als kleines Manko könnten die bernsteinfarbigen Augen gelten.

Gekonnte Diskuszucht

Gelege steht, kümmert sich der zweite um die bereits geschlüpften Larven. Bei der Aufzucht dagegen sollen sich beide Eltern den Jungen als Futterlieferant anbieten.

Die Bodenfarbe von Zuchtaquarien sollte immer dunkel gehalten sein; schwarz, dunkelbraun oder dunkelblau haben sich bewährt.

Ein Gruppe von Symphysodon aequifasciatus axelrodi, dem Braunen Diskus.

Wasseraufbereitung

Diskuszüchter müssen, im Gegensatz zu Diskusfreunden, die ihre Fische nur halten wollen, zu Wasserchemikern werden. Wasseraufbereitung heißt das Zauberwort. Diskusfische kommen aus Gewässern mit sehr niedrigem Leitwert. Dieser niedrige Leitwert des Wassers ist auch in Gefangenschaft eine wichtige Zuchtvoraussetzung.

In jedem Wasser befinden sich gelöste Salze. Diese Salzionen leiten den Strom im Wasser, ein Grund auch, weshalb Strom im Meerwasseraquarium so gefährlich ist.

Je höher die Ionenkonzentration in einem Wasser ist, desto höher ist sein Leitwert. Die Salzkonzentration eines Wassers läßt auch wieder Rückschlüsse auf seine Härte zu. Gemessen wird der Leitwert in Mikrosiemens (abgekürzt μS). Als Faustregel kann man sich einprägen, daß 30 μS etwa einem Grad deutscher Wasserhärte (1° dH) entsprechen. Im Heimatgewässer der Diskusfische wird keine Karbonathärte gemessen und der Leitwert liegt meist um 10 μS, er ist also verschwindend gering, obwohl sich sehr viele Sedimente, Huminsäuren und Spurenelemente im Wasser befinden. Durch diese Anhäufung ist das weiche, saure Wasser auch stabil. Im Aquarium wird ein Wasser mit einer Karbonathärte von 1° dH und einem Leitwert von 30 μS sehr instabil reagieren, der pH-Wert fällt schnell ab. Das Wasser bleibt nicht mehr kontrollierbar. Das ist auch der Grund, weshalb Diskuszüchter gerne mit etwas härterem Wasser und einem Leitwert von 100 bis 200 μS nachzüchten. Machbar ist dies zweifelsohne, zumal dieses Wasser weniger Probleme bereitet. Das Zuchtwasser sollte auf jeden Fall unter einem Leitwert von 200 μS liegen, um eine optimale Entwicklung des Geleges zu gewährleisten.

Wohnt ein Aquarianer in einer Gegend, in der nur hartes Wasser aus der Leitung kommt, ist der Traum von der Diskuszucht nicht ausgeträumt. Er muß sein ungeeignetes Wasser eben aufbereiten.

Diese Wasseraufbereitung wird durch Ionenaustauscherharze vorgenommen. Durch diese geladenen Austauscherharze werden unerwünschte Ionen herausgenommen, beziehungsweise ausgetauscht. Das hört sich jetzt schwieriger an, als es in Wirklichkeit ist. Im Fachhandel sind verschiedene Systeme in unterschiedlichen Größen erhältlich. Wichtig ist bei der Auswahl des Systems eine gute Beratung. Für

Das hinten stehende Männchen bewacht das Gelege. Die von oben hereinragende Wurzel stammt von einem Philodendron auf dem Aquarium.

GEKONNTE DISKUSZUCHT

Ein Nachzuchtmännchen, das farblich schwierig einzuordnen ist. Ein Royal Blue-Wildfang könnte hier mit einem Grünen Diskus oder einem Türkisdiskus gekreuzt worden sein. Die phantastisch schöne, runde und bullige Körperform gleicht die etwas flache Türkisfarbe aus. Mit einem Brillanttürkisweibchen gepaart wäre dieser Diskus durchaus als Stammvater schöner Nachkommen erwünscht. Auch das makellos rote Auge und die schöne Kopfzeichnung sprechen für diesen Fisch.

Aquarianer, die zuerst in einem normalen Aquarium die Zucht von Diskusfischen versuchen wollen, ist es nützlich zu wissen, daß durch das Enthärtungssystem Tetra AquaTop ein wirksames Kleinsystem auf dem Markt ist. Durch eingehängte Flutbeutel wird auf einfache Weise das Wasser enthärtet. Für größere Wassermengen und große Zuchtanlagen lohnen sich die Anschaffungen größerer Austauscheranlagen.

Befindet sich im Leitungswasser zuviel Karbonathärte – Kalk –, so wird diese Karbonathärte mit Hilfe von Kationenaustauschern entfernt. Das Austauscherharz sieht aus wie feiner Sand. Die feinen Harzkügelchen müssen mit Säuren regeneriert werden. Genaue Anleitungen liegen den Harzen bei. Schwieriger wird es bei der Vollentsalzung von Leitungswasser. Jetzt muß mit zwei Austauschharzen gearbeitet werden. Dieses Zweifilterverfahren arbeitet sehr langsam. Plastiksäulen werden mit dem jeweiligen Harz gefüllt, durch welche dann das Wasser gepreßt wird. Der pH-Wert des so gewonnenen Wassers muß für Diskusfische eingestellt werden. Eine gute Ansäurungsmethode ist der Einsatz von Filtertorf. Da das vollentsalzte Wasser mit destilliertem Wasser gleichzusetzen ist, sollte es noch mit Frischwasser verschnitten werden. So steigt der Leitwert dann auf den gewünschten Wert an. Der Diskuszüchter kann durch diese Wassermanipulationen sein geeignetes Zuchtwasser zusammenstellen. Vor großen pH-Wert-Veränderungen ist jedoch zu warnen. Weiches, weitgehend entsalztes Wasser ist sehr instabil. Durch unkontrollierte Säurezugaben können Diskusfische stark geschädigt werden. Der pH-Wert eines Wassers zeigt das Mengenverhältnis von Basen und Säuren im Wasser auf. Der neutrale Wert liegt bei 7,0. Bei diesem Wert befinden sich die H_3O^+-Ionen im sauren Bereich und die OH^--Ionen im alkalischen Bereich im Gleichgewicht. Je nach Überwiegen der einen oder anderen Ionenkonzentration wird das Wasser „sauer" oder „alkalisch". Die pH-Wert-Skala reicht von 0,0 bis 14,0. Für Diskusfische liegen die idealen pH-Werte zwischen 5,5 und 7,0. Zur Zucht sollte der pH-Wert um 6,0 eingestellt werden. pH-Wert-Schwankungen sollten nicht plötzlich auftreten, sondern langsam ablaufen. Dann sind sie für Diskusfische auch weitgehend ungefährlich.

Eine andere Methode, Zuchtwasser herzustellen, ist die Verwendung einer Umkehrosmoseanlage. Inzwischen sind verschiedene Geräte für Aquarianer im Handel. Bei der Umkehrosmose wird das salzhaltige Ausgangswasser durch eine Membrane gedrückt. Salze können durch diese Membrane nicht hindurch. So kommt es zu einer Entsalzung. Diese Darstellung gibt natürlich die Wirkungsweise einer Umkehrosmoseanlage nur vereinfacht wieder. Auch hier kann dem interessierten Aquarianer nur empfohlen werden, auf Spezialliteratur zurückzugreifen, beziehungsweise im Fachgeschäft Beratung zu suchen.

Keimzahl verringern

Zur Diskuszucht kann es auch sehr wichtig sein, die Keimzahl des Zuchtwassers herabzusetzen. Im Aquarienwasser sind selbstverständlich viele Keime. Zum Teil werden diese Keime für ein stabilisierendes Aquarienmillieu benötigt, zum anderen aber können sie die Diskuseier befallen und abtöten. Die Keimzahl eines Wassers kann durch verschiedene Hilfsmittel herab gesetzt werden. Jede Methode läßt sich aber nicht mit dem Zuchtgedanken vereinbaren. Auf den Einsatz von Chemikalien und Antibiotika sollte grundsätzlich verzichtet werden, da Elterntiere und Eier bzw. die Brut geschädigt und ein intaktes Aquarienmilieu zerstört werden kann. Es besteht auch die Gefahr, daß der Nährschleim der Diskuseltern vernichtet wird. Müssen z. B. Malachitgrün oder Methylenblau enthaltende Mittel eingesetzt werden, so müssen diese nach dem Schlüpfen der Larven mit Hilfe von Aktivkohle wieder aus dem Wasser ausgefiltert werden. Erst dann ist eine gute Schleimbildung bei den Eltern gewährleistet. Das Gleiche kann über die Ozonisierung gesagt werden. Wird durch einen Ozonreaktor in das Wasser Ozongas eingeblasen, wird zwar die Nitritkonzentration herabgesetzt und Bakterien werden abgetötet. Jedoch darf Ozon nicht eingesetzt werden, solange die Elternfische Hautsekret bilden und die Larven damit füttern. Auch dürfen Medikamente nicht gleichzeitig mit Ozon eingesetzt werden. Zudem ist eine zuverlässige Kontrolle der Ozonisierung nur über aufwendige Messungen möglich.

Stimmen die Wasserwerte im Zuchtaquarium nicht, können die Eier leicht verpilzen. Durch zu hohen osmotischen Druck wird das Gelege zerstört. Die Eier werden weiß, was nicht mit dem Verpilzen gleichzusetzen ist.

Eine weitere Art der Wasserentkeimung ist die UV-Filterung. Das Aquarienwasser wird an einer UV-Strahlenquelle vorbeigeleitet. Durch die keimtötende UV-C-Strahlung der wird die Keimzahl verringert. Anzumerken wäre, daß handelsübliche Geräte streng nach Gebrauchsvorschrift eingesetzt werden.

Torf besitzt ebenfalls stark bakterientötende Wirkstoffe. Zusätze, wie ToruMin, sind deshalb empfehlenswert. Der pH-Wert ist durch entsprechende Messungen häufig zu kontrollieren.

GEKONNTE DISKUSZUCHT

Hier beginnen die ersten Eier dunkel zu werden. Die weißen Eier sind zerstört, die dunklen Eier sind gut. Hieraus werden Larven schlüpfen.

Links: Ebenfalls ein sehr schönes Zuchtpaar. Das vorne stehende Männchen ist flächig, das dahinterstehende Weibchen hat noch einige wenige Streifen. Dennoch könnte dieses Paar als Flächentürkispaar bezeichnet werden.

GEKONNTE DISKUSZUCHT

Vorbereiten des Ablaichens

Nachdem sich ein Diskuspaar gefunden hat, wird der Tag kommen, an dem es ablaicht. Allerdings kann eine lange Zeit vergehen, bis es soweit ist. Der Diskuspfleger muß hier etwas Geduld aufbringen. Die Fische werden immer wieder aufeinander zuschwimmen, kleine Rammstöße werden durchgeführt, ohne daß Verletzungen auftreten. Eigentlich sind es mehr liebevolle Rempler.

Die Färbung der Tiere ändert sich. Die hintere Körperhälfte wird dunkler. Im Flossensaum werden dunkle Stellen sichtbar. Kopf und Schwanzspitze können deutlich heller werden. Allerdings reagiert jeder Fisch etwas anders. Fast immer sind die hinteren vier bis fünf Senkrechtstreifen deutlich dunkler gefärbt, ein sicheres Zeichen für die Laichbereitschaft.

Die Diskus stehen nebeneinander im Aquarium und beginnen zu zucken. Die-

Die Vorbereitungen zum Ablaichen werden getroffen. Hier beginnt das Männchen mit dem Putzen des Laichkegels.

GEKONNTE DISKUSZUCHT

Geradezu stürmisch putzt das Weibchen den Tonkegel. Auf dem nächsten Bild sind beide Fische am Putzen. Diese Harmonie kann ein gutes Zeichen für Zuchterfolge sein.

ses Zucken wird „Rütteln" genannt. Richtige Wellen durchlaufen den Fisch. Ist dieses Rütteln zu beobachten, steht das Ablaichen kurz bevor. Die nächste Stufe ist das Putzen des Laichsubstrates. Die Diskus reinigen mit dem Maul gründlich die Laichunterlage, also den Tonkegel. Fehlt der Kegel, wird an Heizern, der Aquariumscheibe oder dem Filterschwamm abgelaicht, in eingerichteten Aquarien an Wurzeln oder auf größeren Blättern.

Das Putzen des Laichsubstrates kann mehrere Stunden dauern. Zu dieser Zeit schiebt sich bei dem Weibchen die Legeröhre schon deutlich heraus. Allerdings kann es sein, daß die Fische erst am nächsten Tag ablaichen. Jetzt sind die Geschlechter auch absolut sicher zu unterscheiden.

Das Weibchen entschließt sich, Maß zu nehmen und gleitet probeweise am Laichkegel entlang. Dieses Probelaichen kann mehrmals erfolgen. Wichtig ist es, nun das

GEKONNTE DISKUSZUCHT

Männchen nicht mehr abzulenken. Es kann vorkommen, daß Männchen so stark abgelenkt werden, daß sie die Eier nicht befruchten. Beginnt das Weibchen von unten nach oben die Eier abzulegen, muß das Männchen immer wieder den Kegel anschwimmen und die Eier befruchten. Harmonische Paare tun dies im Wechsel. Das Weibchen legt Eireihe neben Eireihe. 150 bis 250 Eier können als normales Gelege bezeichnet werden. Bei jungen Weibchen kann es vorkommen, daß unter 100 Eier abgelegt werden. Doch die Eizahl steigert sich mit dem Alter.

200 geschlüpfte Jungfische sind ein sehr gutes Ergebnis. Der Durchschnitt liegt eher niedriger.

Der gesamte Ablaichvorgang dauert etwa eine Stunde. Nach der Eiablage stehen die Eltern abwechselnd vor dem Gelege und befächeln es. Gute Paare wechseln sich hierbei regelmäßig ab. Während der etwa fünfzig Stunden dauernden Reifezeit der Eier können die Eltern, wie auch später, gefüttert werden. Dabei ist das Lieblingsfutter in kleinen Mengen zu verwenden. Die anfangs klaren Eier bekommen dunkle Punkte und nach zwei Tagen sind die Augen der Larven zu erkennen. Zuerst tritt der Schwanz der Larven hervor und sie zappeln. Dieses Larvenstadium am Topf dauert weitere fünfzig bis sechzig Stunden. Dann beginnen die ersten Larven auszureißen. Sie sind mit einem Klebefaden am Kopf mit dem Laichsubstrat verbunden. Aber immer öfter gelingt es ihnen jetzt, sich loszureißen. Die Eltern bewachen das Gelege und sammeln die Ausreißer immer wieder ein, um sie „zurückzuspucken".

Dieses Einsammeln mit dem Maul sieht aus, als ob die Eltern die Larven fressen wollten. Doch keine Angst, sie tun es nicht. Auch wenn es manchmal etwas länger dauert, sie lassen die Larven schon wieder heraus. Es hat sich bewährt, während der ersten Tage ein schwaches Nachtlicht in der Nähe des Aquariums anzubringen. Die Eltern haben dann die Möglichkeit, die Eier zu bewachen, und die Larven finden später leichter zu den Eltern zurück.

Wenn die Larven frei schwimmen, ist es sehr wichtig, daß sie die Eltern anschwimmen und dort auf dem Körper beginnen, den Nährschleim zu fressen.

Wäre dies nicht der Fall, würden die Larven schon nach wenigen Stunden verhungern. Die Eltern geben durch Zucken Signale. Sofort beginnen die Larven mit dem Fressen. Für die ersten Tage benötigen sie den Nährschleim der Eltern. In diesem Hautsekret befinden sich wichtige Bakterien, die für eine gesunde Darmflora der Jungfische sorgen. Ohne dieses Hautsekret fehlen den Jungfischen wichtige Voraussetzungen für das spätere Leben. Wenigstens vier bis sechs Tage müssen sie dieses Sekret abweiden. Während der ersten Woche nach dem Schlüpfen soll auf einen Wasserwechsel verzichtet werden.

Nach dieser Zeit beginnt das Zufüttern mit *Artemia*-Nauplien. Die Larven verlassen zum Fressen der *Artemia* den Körper der Eltern noch nicht. Aus diesem Grund sollen die Kleinkrebschen in die Nähe der

Gekonnte Diskuszucht

Nur wenige Stunden sind diese Diskuslarven alt, die den Nährschleim vom Körper des Elterntieres abweiden. Mit der Lupe kann beobachtet werden, wie sich die kleinen Bäuche füllen.

Eltern gespritzt werden. Hierzu kann ein Luftschlauch oder ein dünnes Röhrchen verwendet werden.

Nach einigen Tagen verlassen die Jungfische schon den Körper der Eltern, um den Kleinkrebschen nachzujagen.

Ohne weiteres können die Jungfische vier bis sechs Wochen mit den Eltern zusammenbleiben, um das Hautsekret zu fressen. Natürlich müssen die Kleinen immer stärker zugefüttert werden. Mehrere Futtergaben am Tag in Form von *Artemia* sind anzuraten. Haben die Jungfische die Größe eines Pfennigstückes erreicht, fressen sie gerne FD-Futtertabletten, die an der Scheibe kleben.

Sollten die Eltern wieder Vorbereitungen zum Ablaichen treffen, ist es besser, die Jungen herauszufangen und alleine weiterzufüttern. Da die Jungfische stark gefüttert werden, ist es sehr wichtig, das Wasser gut zu pflegen. Täglich ist ein Teilwasserwechsel durchzuführen.

Nach vier Wochen haben die kleinen Diskus bereits die Größe eines Markstückes und sind sehr selbständig. Die Bindung

GEKONNTE DISKUSZUCHT

Mit sechs bis acht Wochen werden kleine Diskus meist schon verkauft. Sie haben jetzt die Größe eines Fünfmarkstückes.

zu den Eltern läßt immer mehr nach. Das Umsetzen in ein größeres Aquarium ist anzuraten, da in größeren Aquarien die Jungfische schneller wachsen werden. Nach acht Wochen haben sie etwa die Größe eines Fünfmarkstückes erreicht und können abgegeben werden. Bei der ersten gelungenen Nachzucht empfiehlt es sich, einen Teil der Jungfische größer zu ziehen und die schönsten zu behalten. Bei der Auswahl ist aber zu bedenken, daß die größeren Exemplare eines Wurfes meist die Männchen sind. Wird nur nach Größe ausgesucht, kann es leicht passieren, daß später fast keine Weibchen zur Verfügung stehen.

Das Eierfressen

Es kommt verhältnismäßig oft vor, daß Diskusfische ihre Eier auffressen. Entweder tut dies ein Tier oder beide finden Geschmack an diesem teuren Kaviar. Für den Diskuszüchter kann dies ein großes Problem sein.

Weshalb Diskusfische ihre Eier fressen, ist bis heute wissenschaftlich noch nicht geklärt. Vermutungen gibt es viele. Die Fische seien zu jung, behaupten manche.

Hier wurde versucht, das Gelege vor einem eierfressenden Weibchen zu schützen. Besser ist der Schutz mit einem Drahtgeflecht. Bei einem Drahtgeflecht kann das Wasser die Eier besser umströmen.

GEKONNTE DISKUSZUCHT

Diese grünen Wildfangnachzuchten sind bereits zehn Wochen alt. Sie färben erst spät besser aus. Als Jungfische sind sie wenig attraktiv.

Doch weshalb fressen plötzlich auch erfahrene Zuchtpaare ihren Laich auf? Weil sie erschreckt wurden vielleicht, oder als Schutz vor Freßfeinden? Alles nur Theorien. Ärgerlich ist es immer, denn gerne würde man diese Fische einmal nachziehen. Abhilfe kann nur der Pfleger durch radikalen Eierschutz erreichen. Bewährt hat sich die folgende Methode. Aus Maschendraht mit einer Maschenweite bis zu einem Zentimeter wird ein Schutzkorb für den Laichtopf angefertigt. Der Draht sollte etwa einen Zentimeter über den Eiern stehen. Diesen Drahtkorb mindestens vier Tage über den Laichtopf stülpen. Die Elterntiere werden die Eier und die Larven bewachen. Bevor die Larven freischwimmen, ist der Schutz zu entfernen. Normalerweise fressen die Eltern die Larven jetzt nicht mehr. Übrigens sollte der Draht nicht verzinkt sondern aus Edelstahl oder mit Plastik ummantelt sein.

Ein herrliches Rottürkisweibchen, das aus einer tschechischen Zucht stammt. Dieses Tier ist noch sehr jung, hat aber bereits erfolgreich abgelaicht.

Füttern der Jungfische

Das erste Zusatzfutter für Diskuslarven sind die Kleinkrebschen *Artemia salina*. Diese werden in Flaschen mit Salzwasser zum Schlupf angesetzt. Bei zwei Flaschen im Einsatz sind immer genügend solcher Krebschen vorrätig. Ein weiteres gutes Futter für den Anfang ist das Tetra DiskusFutter. Allerdings sind die Körner für die Larven noch zu groß. Zerrieben und in kleinen Prisen auf das Wasser gestreut, bieten sie den Larven eine willkommene Zusatznahrung.

GEKONNTE DISKUSZUCHT

Symphysodon discus HECKEL, der Echte Diskus. Hier in einem Aquarium, in welchem er sich wohlfühlt, wie die gute Färbung zeigt. Gerade im Kopfbereich zeigt er eine starke Blaufärbung. Heckel-Diskus sind schwieriger nachzuzüchten, als andere Diskusarten. Diskuszüchter versuchen oft, ihn einzukreuzen.

Gekonnte Diskuszucht

Die bereits erwähnten FD-Tips, die bereits nach zwei Wochen gierig gefressen werden, können sehr gut mit flüssigen Vitaminpräparaten angereichert werden. Dazu wird einfach ein Tropfen auf die Vertiefung der Tabletten geträufelt. Nach kurzer Zeit sind die Vitamine eingezogen und die Tabletten können an die Innenscheiben des Aquariums geklebt werden.

So ist es einfach, die Larven zusätzlich mit Vitaminen zu versorgen.

Ein sehr gutes, natürliches Aufzuchtfutter für kleine Diskusfische sind *Cyclops*, wenn sie aus fischlosen Gewässern stammen.

FD-Futtertabletten sind als Aufzuchtfutter hervorragend geeignet.

GEKONNTE DISKUSZUCHT

Ein imposanter Blauer Wildfang, Symphysodon aequifasciatus haraldi. Diese nicht ganz durchgezeichneten Fische werden als Blaue Diskus gehandelt. Durchgezeichnete Exemplare tragen den Namen „Royal blue".

GEKONNTE DISKUSZUCHT

Herrliches Nachzuchtweibchen einer gelungenen Hochzucht. Die braunroten Linien können dazu führen, daß dieser Fisch als Rottürkis bezeichnet würde, jedoch wäre die Klassifizierung als Brillanttürkis ebenfalls in Ordnung. An diesem Beispiel ist zu erkennen, daß die Namensgebung bei Nachzuchten sehr vom Betrachter abhängt. Jeder Diskus ist auf seine Art ein herrlicher Fisch.

Diese kleinen Süßwasserkrebschen können selbst gefangen oder tiefgefroren gekauft werden. Wichtig ist aber, daß es sich um gute Qualität handelt.

Am Schluß einer guten Fütterung muß immer das Absaugen der Futterreste stehen, dann können auch kaum Krankheiten auftauchen.

KRANKHEITSVERHÜTUNG

Dem Diskus wird gerne nachgesagt, daß er sehr krankheitsanfällig ist. Doch diese Behauptung ist nicht ganz richtig. Diskusfische reagieren, wie alle anderen Fische auch, auf Hälterungsfehler, Wasserverschlechterung, Fütterungsmängel und andere Faktoren. In seinem natürlichen Lebensraum kann der Diskus als sehr harter, unempfindlicher Fisch eingestuft werden. Krank werden die Fische in erster Linie durch Hälterungsfehler.

Sehr wichtig für die Krankheitsvorbeugung ist daher ein qualitativ gutes Wasser. Damit ist nicht gemeint, daß der Diskus jetzt in extrem weichen, saurem Wasser gehalten werden muß. Dieses saure Wasser mit einem Leitwert um 10 μS wie in Amazonien können wir gar nicht aufbereiten, denn es fehlen die großen Mengen von Huminsäuren. Das Wasser sollte zur Hälterung einen etwas höheren Leitwert von 100 bis 200 μS aufweisen. Es ist weniger labil und dennoch fischgerecht.

Ein oft vernachlässigter Punkt ist die Quarantänebehandlung neu erworbener Fische. Hier darf zwischen Wildfang und Nachzuchtdiskus nicht unterschieden werden. Alle Fische müssen eine Quarantäne durchmachen. Leider wird hier häufig zu großzügig vorgegangen. Dies hat zur Folge, daß schnell Probleme auftauchen können. Eine bewährte Quarantäne für Diskusfische könnte folgendermaßen aussehen: In ein Quarantäneaquarium, dessen Größe von den Möglichkeiten des Aquarianers und der Anzahl der Fische abhängt, werden die neu erworbenen Diskus eingesetzt. Das Aquarium wird mit einem einfachen Filtersystem betrieben. Als Filtermedium ist Watte oder Schaumstoff geeignet. Filterkohle, Filterharze oder Torf dürfen nicht als Filtermaterial eingesetzt werden. Bei stärkerem Fischbesatz wird das Wasser über einen Ausströmerstein zusätzlich belüftet. Die Wassertemperatur in einem Diskusquarantäne-Aquarium beträgt 26 bis 27° C. Höhere Temperaturen belasten die Fische bei gleichzeitiger Verwendung von Heilmitteln.

Zur allgemeinen Desinfektion und Befreiung von Hautparasiten und Saugwürmern empfiehlt sich der Ersteinsatz von ContraIck. Von diesem Heilmittel werden auf 10 Liter Aquariumwasser 5 ml zugesetzt. Nach drei Tagen wird mit Hilfe von Filterkohle dieses Medikament ausgefiltert. Anschließend ist ein Drittel des Wassers zu wechseln. Die nächste Quarantänebehandlung wird mit Hexa-ex®, einem bewährten Medikament gegen die „Lochkrankheit", durchgeführt. Auf 50 Liter Wasser ist eine Tablette einzusetzen. Selbstverständlich darf wieder nur Schaumstoff oder Watte als Filtermedium verwendet werden. Nach vier Tagen kann ein Teilwasserwechsel bis zu 1/3 durchgeführt werden.

Sicherheitshalber ist die Hexa-ex®-Behandlung bei voller Dosierung nach etwa 10 bis 14 Tagen zu wiederholen. Nach

KRANKHEITSVERHÜTUNG

weiteren vier Tagen dürfen diese behandelten Fische in das Gesellschaftsaquarium umgesetzt werden. Bei der Durchführung einer solchen Quarantänebehandlung, die sich über etwa drei Wochen hinzieht, ist es einfach, die Diskus zu beobachten.

Krankheitssymptome sind leicht zu erkennen. Selbstverständlich sind die Diskus während der Quarantäne zu füttern. Wobei gesagt werden muß, daß Futterreste immer wieder abzusaugen sind. Werden beim Absaugen größere Wassermengen entfernt, sind die Medikamente nach Vorschrift nachzudosieren.

Viele Nachzuchtdiskus sind durch schlechte Hälterungsbedingungen schon vorgeschädigt. Auch kleine Diskus können schon sehr krank sein. Wasserverschlechterungen spielen hier eine sehr große Rolle. Bei Problemen mit agressivem Leitungswasser ist es für den Liebhaber wichtig, das Wasser vorzubehandeln. Eine Vorfilterung über Aktivkohle und anschließend über Filtertorf sowie die Zugabe eines Wasseraufbereitungsmittels (Tetra AquaSafe) können hier Abhilfe bringen. Gerade Schleimhautschädigungen durch aggressives Wasser kommen häufig vor. Flossenschädigungen oder Hautschäden regenerieren sich bei Diskusfischen sehr schnell von selbst. Voraussetzung ist, daß das Aquariumwasser biologisch einwandfrei ist. Bei importierten Diskusfischen ist es häufig normal, daß die Flossen zerfranst sind. Es liegt kein Grund vor, diese Fische nicht zu kaufen.

Häufig werden bei Diskusfischen das Klemmen eines Kiemendeckels oder eine erhöhte Atemfrequenz festgestellt. Diskusliebhaber werden schnell auf Kiemenwürmer tippen. Von einer Verwendung mit starken Medikamenten ist erst einmal abzuraten. Sinnvoller erscheint es, das Aquarium, den Filter und das Wasser zu überprüfen. Oft ist der Filter überlastet. Das hohe Futterangebot hat möglicherweise dazu geführt, daß durch das belastete Wasser, das einen guten Nährboden für „Bakterien" abgibt, eine Infektion aufgetreten ist. Die Reinigung des Filters, ein Teilwasserwechsel und eine Kohlefilterung für eine Woche helfen oft schon weiter. Hautwürmer (*Gyrodactylus*) können vorhanden sein, wenn die Diskus ruckartig durch das Aquarium schießen, sich öfter an Einrichtungsgegenständen scheuern und schreckhaft reagieren. Nachweisen lassen sich Haut- und Kiemenwürmer (*Dactylogyros*) durch eine mikroskopische Untersuchung. Medikamente gegen Kiemenwürmer bringen oft nicht die gewünschte Wirkung. In der Diskusspezialliteratur werden immer wieder neue Medikamente, meist aus der Humanmedizin, empfohlen. Diese Medikamentenanwendung, die oft nicht unkompliziert ist, muß jedoch dem Spezialisten vorbehalten bleiben. Im Literaturnachweis findet der Leser weiterführende Fachliteratur. Im Fachgeschäft werden Heilmittel gegen Außenparasiten geführt. Basisheilmittel sind GeneralTonic und ContraIck, für hartnäckigere Fälle von Haut- und Kiemenwürmern kann Gyrotox® empfohlen werden. Dieses Heilmittel darf aber nur in härterem Wasser mit mindestens 10° d Karbonathärte und einem pH-Wert über 7,0 angewendet werden. Deshalb ist das Aquarienwasser, in welchem die Diskus gehalten werden, aufzuhärten. Dies ist durch Natriumhydrogencarbonat

KRANKHEITSVERHÜTUNG

(NaHCO$_3$) möglich, das in Apotheken erhältlich ist (Dosierung: 30 mg / l ~ 1°dKH). Ein Eßlöffel dieser Mischung wird in einem Glas Wasser aufgelöst und nach und nach dem Aquarienwasser zugesetzt. So steigen die Karbonathärte und der pH-Wert allmählich an. Beide Werte sind durch Messungen zu überprüfen. Befinden sich Diskusfische in diesem Wasser, so ist die Zugabe der beschriebenen Lösung langsam und über einen Tag verteilt vorzunehmen. Nach der Aufhärtung des Wassers auf die vorgeschriebenen Werte kann die Behandlung mit Gyrotox® begonnen werden.

Selbstverständlich lassen sich Diskusfische in einem solch harten Wasser nicht mehr erfolgreich nachzüchten. Zu diesem Zweck ist nach der erfolgreichen Behandlung durch Teilwasserwechsel ein Zuchtwasser herzustellen.

Auch Gyrotox® sollte zur Absicherung des Behandlungserfolges ein zweites Mal angewendet werden. Zehn bis zwölf Tage nach dem ersten Heilmittelzusatz ist ein Drittel des Aquarienwassers zu wechseln und die gleiche Dosis wie am Anfang zuzusetzen (vorher Wasserwerte überprüfen). Nach 48 Stunden kann über Aktivkohle und einen Teilwasserwechsel das Heilmittel entfernt werden.

Die Lochkrankheit der Diskusfische ist allgemein gefürchtet, obwohl sie nicht so häufig auftritt. Löcher am Kopf der Fische werden meist durch Mangelerscheinungen oder bakterielle Infektionen ausgelöst. Die echte Lochkrankheit macht sich durch Austritt einer weißen Masse in der Kopfregion bemerkbar. Wie Mitesser treten weiße, etwa 1 mm dicke, 2 bis 3 mm lange „Würstchen" hervor. Sie fallen ab und zurück bleibt ein Loch, das sich nicht mehr zurückbildet. Diese Löcher können zahlreich auftreten. Die ersten Symptome sind meist Dunkelfärbung, Futterverweigerung und Abmagerung. Meist tritt auch gallertartiger, weißer Kot auf. Diesen Kotfaden ziehen die Fische längere Zeit hinter sich her. Frische Kotfäden können mit dem Mikroskop gut auf Parasiten untersucht werden.

Sobald die Lochkrankheit auftritt, sind die Fische mit Hexa-ex® zu behandeln, und zwar zweimal hintereinander.

Eine Besserung ist dann eingetreten, wenn die Diskusfische wieder fressen. Das Futter kann durch Vitamine zusätzlich angereichert werden. Flüssige Vitaminpräparate können vor der Verfütterung unter das Futter gemischt werden. So kann auch das neue DiskusFutter entsprechend aufbereitet werden. Ist die flüssige Vitaminmischung eingezogen, wird das Futter in kleinen Portionen verfüttert. Durch die kleinen Futtermengen wird gewährleistet, daß die Fische dieses Futter mit den Vitaminen schnell fressen. So können die meisten aufgeträufelten Vitamine nicht durch das Aquarienwasser ausgeschwemmt werden.

Die Versorgung mit zusätzlichen Vitaminen über das Futter ist für Diskusfische von großer Bedeutung. Haben Diskusfische Vitaminmangel, treten auch Mangelerscheinungen auf. Eine der häufigsten Mangelerscheinungen ist das Auftreten von Löchern in der Kopfregion. Dieses Auftreten darf nicht mit der Lochkrank-

KRANKHEITSVERHÜTUNG

heit verwechselt werden. Die weiße Masse, die bei der Lochkrankheit austritt, fehlt hier völlig. Im Handel werden Vitamin- und Mineralstoffkombinationen angeboten (z. B. TetraVital). Diese können direkt über das Wasser verabreicht oder besser dem Futter beigemischt werden (Gebrauchsanweisung beachten).

Hilfe bei Krankheiten

Oft wird es sinnvoll sein, kranke Diskus außerhalb des Gesellschaftsaquariums zu behandeln. Müssen alle Fische eines eingerichteten Aquariums behandelt werden, ist unbedingt zu beachten, daß durch Heilmittel die Bakterienflora eines Aquariums und des Filters stark beeinträchtigt werden kann. Filter können biologisch absterben. Gebrauchsanweisungen der Heilmittel sind genau einzuhalten.

Zu behandelnde Fische nie in frisches Leitungswasser umsetzen, sondern Wasser aus dem Aquarium für die Behandlung mitbenutzen.

KRANKHEITSVERHÜTUNG

Krankheit	Symptom/Erkennungszeichen
Schleimhauttrübung Chilodonella Costia Trichodina, usw.	Milchig-trüber Hautbelag weiße Flecken Scheuern, Flossenklemmen
Haut- oder Kiemenwürmer Gyrodactylus Dactylogyrus	Abstehende Kiemendeckel Einseitige Kiemenatmung Würgen, Klemmen, erhöhte Atemfrequenz Schleimhautveränderungen
Hervorquellende Augen Glotzaugen	Stark aufquellende Augen, auch einseitig auftretend
Geißeltierchen Hexamita Protopalina	Lochkrankheit, Freßunlust dunkle Färbung unnormales Verhalten gallerartiger, weißlicher Kot
Pilzbefall	Watteartiger Belag auf den Fischen
Ichthyophthirius multifiliis Weißpünktchen-Krankheit	Zuerst Schleimhauttrübung, dann Auftreten von weißen Pünktchen, die sich schnell vermehren

Mögliche Behandlungsmethoden	Ratschlag
10 Minuten Kochsalzkurzbad 15g/l Kur mit Exrapid® oder Tetra ContraIck	Bei hartnäckigem Befall Kur mit Gyrotox®. Wasserwerte beachten!
Kur mit Gyrotox® genau nach Anweisung	Unbedingt Kur nach ca. 10 Tagen wiederholen, da Kiemenwürmer auch Eier legen können
sofortiger Teilwasserwechsel, Einsatz von Tetra GeneralTonic	Wasserqualität beachten! Fische genau beobachten!
Hexa-ex® nach Anweisung Behandlung zweimal durchführen	Sobald Fische fressen, das Futter mit Vitaminen anreichern. Dem Wasser TetraVital zusetzen
5 ml Tetra FungiStop auf 10 l Wasser	Anwendung wiederholen auf gute Wasserqualität bzw. Krankheitssymptome und Verletzungen achten
Schnelle Behandlung mit Exrapid® oder Tetra ContraIck, ggf. wiederholen	Wird meist durch neue Fische eingeschleppt. Fische genau beobachten!

ZEHN GOLDENE REGELN

1	Aquarien niemals überbesetzen. Darauf achten, daß große Diskus ihr Revier bilden können. In der Beschränkung liegt der Meister.
2	Nur friedliche Fische zum Diskus setzen. Auf große und räuberische Arten verzichten.
3	Auf gute Wasserqualität achten. Wasserwerte regelmäßig prüfen.
4	Wöchentlichen Teilwasserwechsel zur festen Gewohnheit werden lassen. Dabei immer Mulm absaugen.
5	Futterreste nicht über Nacht im Aquarium belassen, denn das erzeugt zu viele schädliche Abbauprodukte u. ä., Reste rechtzeitig absaugen.
6	Nur Fische neu einsetzen, die vorher mindestens 14 Tage in Quarantäne waren und auch vorbeugend behandelt wurden.
7	Auf gute Fütterung achten. Mit Vitaminen angereichertes Futter verfüttern.
8	Nur einwandfreies Futter verfüttern. Nach Möglichkeit auf Schadstoffreduzierung beim Futter achten. Lebendfutter und Frostfutter ist teils belastet.
9	Filterung überwachen. pH-Wert eventuell mit Hilfe des Filtermaterials unter pH 7,0 halten.
10	Auf guten Pflanzenwuchs achten. Rechtzeitig Kohlendioxiddüngung einplanen. In gut funktionierenden Pflanzenaquarien werden Fische seltener krank.

Stichwortverzeichnis

A
Ablaichen 118
aerobe Bakterien 55
AGASSIZ' Zwergbuntbarsch 91
Aktivkohle 54
Ammonium 55
Ancistrus dolichopterus 97
Apistogramma agassizii 91
Apistogramma borellii 92
Aponogeton boivinianus 66
Aras 14
Artemia 121, 126
Asien 39
Austauscherharze 113
Außenfilter 54

B
Beleuchtung 29, 49
Benjamin Constant 26
Biologischer Filter 53
Biologisches Gleichgewicht 46
Blauer Antennenwels 97
Blitzlichtaufnahmen 29
Bodenhöhe 48
BORELLI's Zwergbuntbarsch 92
Bucklige Wasserähre 66
BURGESS 24

C
caboclos 15
chemischer Filter 53
Corydoras aeneus 94
Corydoras arcuatus 95
Corydoras melanistus 96
Cryptocoryne crispatula 73
Cryptocoryne wendtii 74, 75
Cyclops 128

D
Dämmerungsphase 49
deutsche Härte 20
Diskusaquarium 45
Diskusform 39
Dunkle Amazonaspflanze 60

E
Echinodorus opacus 60
Echinodorus osiris 61
Echinodorus parviflorus 62
Echinodorus parviflorus „Tropica" 63
Eichhornia crassipes 76
Einrichtung 48
Eierfressen 124
Eizahl 121

F
Filtersystem 53
Filterung 53
Flächentürkisdiskus 36
Flossenschäden 41
Fütterung 20

G
Genoppter Wasserkelch 73
Geschlechtsbestimmung 110
Grolux 29

H
Hasemania nana 81
Hautwürmer 132
Hälterungstemperatur 17
HECKEL-Diskus 20, 21, 22

HECKEL, Jacob 21, 23, 24
Heizleistung 53
Heizung 52
Hemigrammus bleheri 82
Hormonzugaben 40
Hyphessobrycan bentosi bentosi 83
Hyphessobrycon erythrostigma 84
Hyphessobrycon herbertaxelrodi 87
Hypostomus punctatus 98

I
Innenfilter 54
Ionen 113, 115
Ionenkonzentration 113

J
Jacarés 14
Javafarn 71

K
Karbonathärte 113
Keimzahl 116
Kiemendeckel 41, 132
Kiemeninfektion 41
Kiemenparasiten 41, 132
Kiemenwürmer 41, 132
Kies 48
Kirschflecksalmler 84
Klarwasser 11
Kobaltflächendiskus 36
Korktapeten 47
Kot 40
Krankheitsverhütung 136

L
Laichsubstrat 119
Larvenstadium 121
Leitwert 113
Letitia 26
Leuchtkraft 49

Leuchtstoffröhren 49
Limnophila aquatica 72
Lochkrankheit 134

M
mechanischer Filter 53
Metallpanzerwels 94
Microsorium pteropus 71
Mikrosiemens 20, 113
Mindestlänge 46
Moskitoplage 14

N
Nachtlicht 9
NATTERER 21
Nannobrycon eques 86
Nährschleim 121
Neonsalmler 88
Nitrat 56
Nitrit 55
Nymphaea lotus 68

O/P
Orchideen 14
Ozonisierung 116
Papiliochromis ramirezi 93
Paracheirodon axelrodi 87
Paracheirodon innesi 88
PELLEGRIN 24
pH-Wert 11, 20, 56, 102, 115
Piranhas 14
Pristella maxillaris 89
Punktierter Schilderwels 98

Q
Quarantäne 44, 131

R
Regenwald 14
Rieselfilter 55
Riesensumpffreund 72

STICHWORTVERZEICHNIS

Rinderherz 105
Rio Negro 11, 21, 23
Rostschutzfarbe 47
Rotblättrige Amazonas 61
Roter Neon 87
Rotkopfsalmler 82
Rottürkisdiskus 35
Royal Blue 26, 27
Royal Green 24
Rückwand 47
Rütteln 119
Rüsselbarbe 56

S
Saugschmerle 56
Schaumstoffpatronen 55
Schmetterlingsbuntbarsch 93
Schmucksalmler 83
Schrägschwimmer 90
Schrägsteher 86
SCHULZ 21
SCHWARTZ 24
Schwarzbinden-Panzerwels 96
Schwarze Amazonas 62, 63
Schwarzer Neon 85
Schwarzwasser 11, 15
Spezialfutter 103
Standort 46
Stellnetze 16
Sternflecksalmler 89
Stromlinienpanzerwels 95
Styroporplatte 47
Symphysodon aequifasciatus aequifasciatus 24
Symphysodon aequifasciatus axelrodi 25
Symphysodon aequifasciatus haraldi 25
Symphysodon discus 21, 23

T
Tageslicht 46
Tefé 24, 25
Thayeria boehlkei 90
Thermostat 52, 53
Tontopf 108
Topffilter 54
Torf 54
Transportbeutel 43
transportieren 42
Transportzeiten 43
Tubifex 106
Türkisdiskus 33

U
Umkehrosmose 105
Umsetzungsschock 41
UV-Strahlung 116

V
Vallisneria spiralis 70
Varzea 11
Vitamine 134
Vollentsalzung 115

W
Wachstumsschäden 40
Wasseraufbereitung 113
Wasserhärte 113
Wasserhyazinthe 76
Weißwasser 11, 20
WENDT's Wasserkelch 74, 75
Wildfangnachzucht 39
Wurzeln 49

Z
Zweckaquarien 45
Zuchtaquarien 9, 111
Zuchtpaar 109

ANHANG

Literaturnachweis

Dr. U. Baensch	„Bunte Zierfischwelt" Tetra-Verlag, 4520 Melle
G. Brünner P. Beck	„Neue Wasserpflanzen-Praxis" Tetra-Verlag, 4520 Melle
B. Degen	„Das große deutsche Diskusbuch" Bede-Verlag, 8371 Kollnburg
B. Degen	„Erfolg mit Diskusfischen" Bede Verlag
B. Degen	„Diskusjahrbuch 1988" Bede Verlag
K. A. Frickhinger	„Gesund wie der Fisch im Wasser" Tetra-Verlag
H. Linke W. Staeck	„Amerikanische Cichliden I" Tetra-Verlag, 4520 Melle

Fotonachweis

Dr. C. Andrews:	57
B. Kahl:	25 u. 26., 81, 82, 83, 84, 85, 86, 87, 88, 89, 90, 91, 92, 93, 94, 95, 96, 97, 98, 112, 127, 129 und Rückumschlag
C. Kasselmann:	59, 60, 61, 62, 63, 64, 65, 66, 67, 68, 69, 70, 71, 72, 73, 74, 75, 76
H. Linke:	11 o. + u., 79, 92
Dr. W. Staeck:	12, 24, 38, 122
Alle anderen Fotos:	B. Degen
Illustrationen:	H. J. Eldagsen, R. Tscheschner, W. Wissmann

Der 1. König, der Ihnen aus der *Hand* frißt.

Was ist am Diskus so besonders, daß er als „König der Süßwasserfische" bezeichnet wird? Neben seinem brillanten Aussehen und seiner Exklusivität, ist es vor allem seine Persönlichkeit: Bei liebevoller Pflege lernt er seinen Besitzer schnell kennen, erwartet ihn an der Deckscheibe, wenn er mit dem Futter naht – und wird sogar handzahm. Wie es sich für einen König gehört, stellt der Diskus hohe Ansprüche an Wasserqualität, Vergesellschaftung und vor allem an die Ernährung. Obwohl er ein Allesfresser ist, sollte man ihm nicht alles zu fressen ge-

Diskusfische kommen aus dem tropischen Amazonasgebiet. Dies muß bei Wassertemperatur, -zusammensetzung und Ernährung bedacht werden.

ben. Denn viele Krankheiten, auch das Auftreten der gefürchteten Löcher, werden oft durch falsches Futter hervorgerufen. Lebendfutter aus freien Gewässern kann Krankheitserreger und Umweltgifte ins Aquarium einschleppen. Loses Futter ist z.T. von zweifelhafter Herkunft und schwankender Qualität. Und Ersatzfutter wie Rinderherz ist nicht nur in der Zubereitung umständlich, es führt auf Dauer auch zu Mangelerscheinungen.

In Form- und Farbgestaltung ist Tetra DiskusFutter dem Naturfutter (rote Mückenlarven) nachempfunden. Das Sinkverhalten ermöglicht eine artgerechte Futteraufnahme.

Dabei ist es ganz einfach, dem Diskus ein königliches und gesundes Mahl zu bereiten:

Tetra DiskusFutter ist ein hochwertiges Alleinfutter, das speziell auf die Ernährungsbedürfnisse von Diskusfischen abgestimmt ist. Es enthält ausgesuchte Rohstoffe, z.T. in Lebensmittelqualität, und alle wichtigen Vitamine und Spurenelemente, die seine Majestät prächtig gedeihen lassen. Darüber hinaus wird es auch von anderen wertvollen Zierfischen hervorragend akzeptiert.

Gesunde Diskusfische sind kräftige Tiere. Der Körper wirkt von vorne betrachtet gerundet und bullig.

Tetra DiskusFutter ist wie alle Tetra Futter leicht verdaulich und verursacht keine Wassertrübung.

Tetra für das Leben im Wasser.
TetraWerke · Postfach 1580 · D-49304 Melle · http://www.tetra-online.com